John Paul Lederach

Vom Konflikt zur Versöhnung

*Wendy und ich widmen dieses Buch unseren Eltern
John M. und Naomi K. Lederach
und Omer und Mary Liechty,
denen wir Unterstützung, Orientierung und Liebe
für die lebenslange Glaubensreise verdanken.*

John Paul Lederach

Vom Konflikt zur Versöhnung

Kühn träumen – pragmatisch handeln

Aus dem Amerikanischen übersetzt von Eva Weyandt

NEUFELD VERLAG

Der Verlag dankt dem ***ComPax*** *Institut für Konflikttransformation für die Unterstützung bei der Herausgabe dieses Buches*

www.compax.org

Dieses Buch ist auch als E-Book erhältlich: ISBN 978-3-86256-772-0

Die englische Originalausgabe dieses Buches erschien unter dem Titel *Reconcile: Conflict Transformation for Ordinary Christians.* Copyright © 2014 by Herald Press, Harrisonburg, Virginia 22802, USA. All rights reserved

Die Deutsche Bibliothek verzeichnet diese Publikation in der Deutschen Nationalbibliografie; detaillierte bibliografische Daten sind im Internet über www.d-nb.de abrufbar

Bibelzitate, sofern nicht anders angegeben, wurden der Lutherbibel in der revidierten Fassung von 1984 entnommen © 1999 Deutsche Bibelgesellschaft, Stuttgart

Lektorat: Lukas Baumann
Korrektorat: Dr. Marcus Weiand
Umschlaggestaltung: spoon design, Olaf Johannson
Umschlagbild: Andrew Mayovskyy/Shutterstock.com
Satz: Neufeld Verlag
Herstellung: CPI – Clausen & Bosse, Leck

ISBN 978-3-86256-068-4, Bestell-Nummer 590 068

www.neufeld-verlag.de / www.neufeld-verlag.ch

Bleiben Sie auf dem Laufenden:
newsletter.neufeld-verlag.de
www.**facebook**.com/NeufeldVerlag
www.neufeld-verlag.de/**blog**

NEUFELD VERLAG

Inhalt

Vorwort von Bill und Lynne Hybels

IN MEINER PREDIGT AM 8. Dezember 2013 habe ich (Bill) behauptet, eines Tages würden B1-Bomber ausschließlich dazu eingesetzt werden, um nach einem Tsunami oder Erdbeben Nahrungsmittel und Notfallversorgungsgüter in die Katastrophengebiete zu bringen. Flugzeugträger würden in schwimmende Lazarette umgewandelt, in denen Flüchtlinge und andere bedürftige Menschen Hilfe fänden, und die gebündelten Militärausgaben aller Länder der Welt würden dazu verwandt, das Leben zu verbessern, und nicht den Tod zu vermehren.

Meine auf die heutige Zeit übertragene Auslegung von Jesajas großer Vision, in der Schwerter zu Pflugscharen geschmiedet werden, fand die Zustimmung meiner Gemeinde. In unseren Herzen feierten wir gemeinsam einen Tag in der Zukunft, wenn Realität wird, was in der Bibel zu lesen ist: »Keine Nation wird mehr gegen eine andere ziehen und sie werden nicht mehr lernen Krieg zu führen« (Jesaja 2,4). Der Tag, an dem Kriegskameraden zu Friedenskameraden werden. Der Tag, an dem die größten und kreativsten Denker mit Menschen, die reinen Herzens sind, zusammenarbeiten werden – strategisch, mutig und auf Dauer, um Frieden zu schaffen. In der bedeutendsten Predigt aller Zeiten sagt Jesus: »Selig sind die Friedfertigen« (Matthäus 5,9). Und wir sind der Meinung, das hat er ernst gemeint!

Doch die Welt scheint noch nicht gleichgezogen zu haben. Seit dem Zweiten Weltkrieg sind, wie Lederach ausführt, 236 aktive Kriege in 150 Ländern zu verzeichnen. Millionen Menschen haben dadurch ihr Leben verloren. Ich (Lynne) bin vor Kurzem aus Jordanien zurückgekehrt. Dort erzählten mir syrische Flüchtlinge von Tod und unvorstellbarer Gewalt. »In Syrien gibt es keine Kinder mehr«, sagte eine Frau. »Sogar ein Vierjähriger kann Krieg und Brutalität beschreiben. Das ist keine Kindheit.« Dieser Krieg und viele andere sind immer noch im Gange.

Leider sind die meisten amerikanischen Evangelikalen schneller geneigt, für den Krieg zu stimmen, als sich für den Frieden einzusetzen. Das soll nicht als Anklage verstanden werden, sondern als ein Eingeständnis. Seit vier Jahrzehnten hat Gott uns nun schon Leitungsverantwortung in christlichen Gemeinden anvertraut. Aber erst in den vergangenen Jahren haben wir unsere Augen, unseren Geist und unsere Herzen geöffnet für die Aufforderung in der Bibel, Frieden zu stiften und sich für Versöhnung einzusetzen. *Gott, vergib uns.*

Abgesehen von dem klaren biblischen Auftrag, »den Weg des Friedens zu finden« (Lukas 19,42), gibt es noch andere, sehr pragmatische Gründe, die uns veranlassen, uns für den Frieden einzusetzen. Die zerstörerischen Auswirkungen von Krieg sind uns nicht unbekannt. Zusammen mit vielen amerikanischen Gemeinden engagieren wir uns zunehmend für betroffene Menschen auf der ganzen Welt. Wir sind zur Barmherzigkeit und gerechtem Handeln aufgerufen, und darum unterstützen wir einheimische Christen vor Ort, die sich in ihrer Gemeinschaft als Hände und Füße Christi gebrauchen lassen – und wir freuen uns über das, was sie erreicht haben! Leider mussten wir viel zu häufig auch miterleben, wie das, was sie erreicht hatten, durch gewaltsame Auseinandersetzungen wieder zunichte gemacht wurde. Der Krieg macht vor nichts halt. Er zerstört die Infrastruktur eines ganzen Landes, und selbst kleine Kinder fallen ihm zum Opfer. Wenn uns die betroffenen Menschen in der Welt am Herzen liegen, dann müssen wir uns für den Frieden einsetzen.

Als wir beschlossen, uns näher mit der Kunst des Friedenstiftens zu beschäftigen, stießen wir immer und immer wieder auf einen Namen: John Paul Lederach. Wir begannen also, Lederach zu lesen. Und lasen weiter Lederach. Und lesen ihn noch immer. Und wir raten Ihnen: Lesen Sie Lederach!

Aber Vorsicht! Obwohl sich dieses Buch an der Bibel orientiert und viele praktische Hinweise gibt, ist es gefährlich. Es wird Ihr Leben durcheinander bringen. Nicht weil darin von Ihnen gefordert wird, durch die Welt zu reisen und sich mit Feinden zusammenzusetzen, wie John Paul Lederach es tut. Vielleicht ist das Ihr Auftrag, aber das ist nicht, was Ihnen zu schaffen machen wird. Durcheinanderbringen wird Sie, dass Sie sich den Kriegen in Ihrem eigenen Herzen werden stellen müssen, Ihren eigenen zwiespältigen Einstellungen und Verhaltensweisen, Ihren eigenen unversöhnten Beziehungen. Wenn Sie Lederachs Eingeständnis lesen, dass er fähig ist, »sich schnell und mühelos Feinde zu schaffen«, werden Sie sich eingestehen müssen: »Ich auch, ich auch, ich auch«. Und glauben Sie uns: Es tut weh, sich einer solchen Erkenntnis stellen zu müssen.

Aber es ist ein Schmerz, der zu Heilung und Veränderung führt. Lederach lädt uns ein, »uns Gott und einander« zuzuwenden, und er zeigt uns, wie das möglich wird.

Dieses Buch könnte die Welt verändern. Zerrüttete Ehe? Lesen Sie *Vom Konflikt zur Versöhnung*. Familienstreitigkeiten? Lesen Sie *Vom Konflikt zur Versöhnung*. Gemeindespaltung? Lesen Sie *Vom Konflikt zur Versöhnung*. Kriegführende Länder? Ganz ehrlich, wenn es möglich wäre, die Führer der Welt so lange einzusperren, bis sie *Vom Konflikt zur Versöhnung* gelesen haben, wäre die Welt von Grund auf verändert. Sie hätte ein bisschen mehr Ähnlichkeit mit dem Reich Gottes.

Lederach hat das Auge und die Stimme eines Propheten. Er erkennt sogar unsichtbare Realitäten und macht uns Mut, einen heiligen Traum zu leben. Wir laden Sie ein, sich uns anzuschließen und sich – wie wir – sein Bemühen zu eigen zu machen, sich für Gottes Werk der Versöhnung zu engagieren.

Bill und Lynne Hybels,
Mitgründer der Willow Creek Community Church

Einleitung

IN DEN VERGANGENEN 30 JAHREN hatte ich Gelegenheit, an unterschiedlichen Orten auf der ganzen Welt tätig zu sein, oft in Ländern, die von Kriegen und Konflikten zerrissen waren. Meine Bemühungen um Frieden haben mich nach Kolumbien und Zentralamerika, Somalia, Kenia, Äthiopien und in Teile Westafrikas geführt, ins Baskenland, nach Nordirland, auf die Philippinen, nach Burma und Nepal. Ich werde häufig an den Klassiker von Chinua Achebe erinnert. Unter dem Titel *Alles zerfällt* beschrieb Achebe die gewaltigen Veränderungen, die sein Heimatland Nigeria in den frühen Jahrzehnten des letzten Jahrhunderts zu verkraften hatte. Es scheint, als lebten wir in einer Zeit, in der vieles zerbricht. Nicht nur Völkerstaaten brechen auseinander, wir erleben auch verstärkt das Aufflackern von ethnischen und religiösen Konflikten.

Morgens habe ich beinahe Angst, die Zeitung aufzuschlagen und zu lesen, was sich am Vortag zugetragen hat. Angesichts dieser Realitäten in unserer Welt muss man schon blind sein oder Nerven wie Drahtseile haben, um über Versöhnung zu schreiben. Vielleicht braucht man aber auch nur Glauben und Hoffnung.

Wenn ich von meiner Arbeit erzähle, bei der es um Versöhnung und Frieden geht, weiß ich nicht so genau, wie ich die Herausforderungen beschreiben soll, die diese Arbeit an uns stellt, oder die tiefe Zufriedenheit, die ich dabei empfinde. Ich möchte auch die theologischen Grundlagen aufzeigen, die einem Engagement in diesem Bereich zu Grunde liegen. Bevor ich bei einer Zusammenkunft ans Rednerpult trat, gab mir meine Tochter Angie den besten Rat, den ich seit Langem erhalten hatte: »Daddy, erzähle einfach nur Geschichten und vergiss alles andere!«

In diesem Buch soll es um die Herausforderungen des realen Lebens gehen und um das Verständnis von Versöhnung in unserer heutigen Welt. Das werde ich anhand von Erlebnissen und Geschichten herausarbeiten. Geschichten sind etwas anderes als Definitionen, Exegesen und theoretische Erklärungen. Sie können an die Stelle einer Person treten, eines Menschen, mit dem wir interagieren und von dem wir lernen, einer Person, mit der wir uns auseinandersetzen und der wir widersprechen oder die uns bestätigt und herausfordert. Geschichten erreichen unsere Herzen und unseren Verstand. In der Mediation und der Konflikttransformation nehmen wir häufig Geschichten zur Hilfe. Geschichten zu erzählen und anzuhören, ist notwendig. Davon sind wir überzeugt. Wir bemühen uns, einen Raum zu schaffen, in dem die Erlebnisse, die durch die Geschichten der Menschen zum Ausdruck kommen, wertgeschätzt werden.

Geschichten am Wegrand der Straße zur Versöhnung

Als Mediator, der sich mit extrem schwierigen, schmerzlichen und häufig von Gewalt geprägten Situationen konfrontiert sieht, habe ich festgestellt, dass Geschichten wie Seelengefährten sind, mit denen wir umherziehen. Gelegentlich geraten wir aneinander, doch meistens sind wir Seite an Seite unterwegs. Manchmal eröffnen sich mir in einer Geschichte, auch wenn ich sie in- und auswendig kenne, neue Erkenntnisse, Gefühle, Herausforderungen und Trost. In Geschichten finde ich mich selbst. Und eine Verbundenheit mit anderen.

Ein Konflikt lässt sich ebenfalls mit einer Reise vergleichen. Wir reden davon, dass wir uns in einen Schlamassel, ein Problem oder eine »dumme Situation« hinein- und auch wieder herausmanövrieren. Wir versuchen herauszufinden, »wo wir stehen« in Bezug auf ein Thema, oder wo jemand mit einer verrückten Idee »hin will«. In unserem Sprachgebrauch reden wir von einer Reise. In einem Konflikt erkennen wir uns selbst und andere mehr als bei jeder anderen Erfahrung unseres Lebens auf eine ganz neue und tief gehende Weise, und wir trachten danach, Wahrheit und Liebe in uns wieder herzustellen. Wenn wir uns die Mühe machen, über die Worte und Konfliktthemen hinauszuschauen, sehen wir Gott.

Tief greifende Konflikte sind sehr schmerzlich und aufreibend. Schlimmstenfalls sind sie mit Gewalt behaftet und zerstörerisch. Doch gleichzeitig ermöglichen sie überaus intensive geistliche Begegnungen, wie wir sie selten erleben können. Ein Konflikt eröffnet einen Weg, einen heiligen Weg, zu Offenbarung und Versöhnung.

In diesem Buch geht es um Erfahrungen und Erkenntnisse, die ich auf diesem heiligen Weg sammeln konnte. Es sind Erlebnisse von meiner Reise zur Versöhnung. Ich werde Geschichten erzählen, die ich gehört oder selbst erlebt habe und aus denen ich immer noch neue Erkenntnisse gewinne, wann immer ich sie weitergebe. Diese Erzählungen sind wie ein Fenster auf Konflikt und Versöhnung.

Meine persönliche Geschichte ist die eines Gläubigen, eines Friedenstifters und Mediators, eines Soziologen, Lehrers und eines stets Lernenden. In diesem Buch tue ich nicht so, als würde ich eine ausgefeilte soziologische Theorie der Versöhnung entwickeln oder ein Handbuch für den Umgang mit Konflikten schreiben. Mir geht es um etwas ganz anderes. Ich möchte die geistlichen Grundlagen für meine Arbeit als einer, der sich beruflich und wissenschaftlich mit dem Friedenstiften beschäftigt, erforschen. Mit Ihnen zusammen möchte ich meine Einstellung zu den Herausforderungen meiner Arbeit und den geistlichen Dimensionen überprüfen, die mich motivieren und mir Kraft zum Durchhalten geben.

Versöhnung in den Vordergrund rücken

Die erste Ausgabe dieses Buches verfasste ich vor mehr als fünfzehn Jahren, und meine Leser kamen in erster Linie aus den täuferischen Gemeinden, zu denen auch ich gehöre. Die Täuferbewegung, zu der sich die Mennoniten, die Amischen, die *Brethren in Christ* und Gemeinschaften zählen, die zu den Glaubenstraditionen der *Brethren in Christ* gehören, entstand während der Reformation und existiert in einer Vielzahl von Formen bis auf den heutigen Tag. Die Mitglieder der täuferischen Glaubenstraditionen praktizieren die Erwachsenentaufe, befürworten einen einfachen Lebensstil, den Dienst am Mitmenschen und eine pazifistische Orientierung in Bezug auf die Heiligkeit des Lebens als zentralen Inhalt des Evangeliums. Natürlich werden diese Werte nicht nur bei den Täufern hoch gehalten, und ich entdecke bei mir auch den Einfluss von Lehrern und Mentoren aus der Quäker-Tradition. In täuferischen Glaubensgemeinschaften nehmen sie jedoch einen hohen Stellenwert ein. Diese Menschen des Glaubens haben in mir den Wunsch geweckt, mich um den Frieden zu bemühen, und mir einen Kompass für meine Reise mitgegeben. Ich bin ihnen verpflichtet.

Seit jener ersten Fassung dieses Buches hat sich jedoch das Interesse an Frieden und Versöhnung als Kernelemente des Evangeliums Christi über die täuferische Bewegung hinaus verbreitet. Auch wenn für viele evangelikale, protestantische und katholische Großkirchen das Bemühen um Frieden lange Zeit ein zentrales Element ihres Glaubens war, so hat sich in den vergangenen Jahren dieses Bemühen in den protestantischen und katholischen Kirchen noch verstärkt. Und wir können feststellen, dass die Friedensbemühungen auch in anderen religiösen Traditionen, die nicht zum christlichen Glauben gehören, intensiver erforscht werden. Doch ich hoffe, dass die Gedanken, Geschichten und Überlegungen in dieser überarbeiteten Fassung eine Vielzahl von Menschen ansprechen werden, die eine tiefe Sehnsucht empfinden und eine Berufung, die aus der vom Glauben inspirierten Reise entspringt.

Einige Worte des Dankes sind angebracht. Ich bin dankbar für die Beiträge anderer, die diese Ausgabe des Buches abrunden. Mein Dank gilt den Mitarbeitenden des Lektorats und der Marketingabteilung von Herald Press, die sich für eine Neuauflage dieses Buches eingesetzt und es während des Entstehungsprozesses bis zur Veröffentlichung begleitet haben.

Ich wünsche mir, dass die Leser durch die hier erzählten Geschichten Heilung finden und Eingang in die *Beloved Community*, wie Martin Luther King sie nannte, indem sie sich der unschönen Herausforderung der Konflikttransformation stellen und sich um den Frieden bemühen. Durch dieses Buch hoffe ich, meine Überzeugungen transparent zu machen und in einen Dialog einzutreten, in erster Linie mit den Angehörigen des christlichen Glaubens.

Wenn wir den Auftrag, uns um Versöhnung zu bemühen, annehmen wollen, müssen wir kühne Träume haben und uns gleichzeitig mit einem begeisterten Pragmatismus an die Arbeit machen, um diese Träume Wirklichkeit werden zu lassen. Wir stehen vor der Herausforderung, uns selbst mit der zentralen Vision der versöhnenden Gegenwart Gottes und seines Wirkens in der Geschichte der Menschen in Einklang zu bringen.

John Paul Lederach

KAPITEL 1

Gefahr für mein einziges Kind

ES KANN VORKOMMEN, DASS EIN Ereignis das Leben eines Menschen für immer verändert. Auch Jahre später noch steht es ihm mit einer lebendigen Deutlichkeit und Unmittelbarkeit vor Augen. Bei mir war es ein Telefonanruf, den ich eines Abends bei uns zu Hause in San José in Costa Rica entgegennahm.

Als das Telefon läutete, lag ich im Bett und las meiner damals dreijährigen Tochter Angie ein Buch vor. Ein einflussreicher Miskito-Führer im bewaffneten Widerstand, der gegen die nicaraguanische Regierung kämpfte, war am anderen Ende der Leitung. Seine Stimme war mir vertraut. In den sich überstürzenden Ereignissen des Jahres 1987 war er mir ein guter Freund geworden.

»John Paul«, sagte er, »ich habe brisante Neuigkeiten. Eine seriöse Quelle hat mich darüber informiert, dass die Entführung deiner Tochter geplant wird. Du bist hier nicht erwünscht.«

Während ich diese Worte aufschreibe, spüre ich immer noch den Schauer, der mir über den Rücken lief, wie das Blut aus meinem Gesicht wich und wie mein Herz klopfte.

»Was redest du da?« Mein Mund war so trocken, dass mir kaum ein zusammenhängender Satz über die Lippen kam.

»Am Telefon kann ich dir keine Einzelheiten nennen. Wir reden morgen. Aber hör zu, die Lage ist sehr ernst. Es hat mit den Jungs mit den drei Buchstaben zu tun.« Mir war klar, dass er die CIA meinte (*Central Intelligence Agency*, der US-amerikanische Auslandsgeheimdienst). »Deine Frau muss alle ihre Gewohnheiten ändern. Sie soll deine Tochter morgen nicht zur Schule bringen, auf keinen Fall die Tür öffnen. Und sehr gut aufpassen.«

Diese Worte klangen in meinen Ohren irreal, erschienen mir wie ein schlechter Traum. Ich brachte kein Wort über die Lippen, aber ich konnte das auch nicht einfach so stehen lassen.

»Komm schon«, hörte ich mich sagen. »Wie ernst ist es?«

Seine letzten Worte werde ich nie vergessen. »John Paul, jetzt bist du einer von uns.«

Ich legte den Hörer auf und ging zu Angie zurück, die immer noch nicht eingeschlafen war. Meine Gedanken überschlugen sich. Eine Frage quälte mich sehr nachhaltig: In was für eine Lage hatte ich uns da gebracht?

Mir ging es darum, Frieden zu stiften. Ich gehörte zu einer Gruppe Kirchenleiter, deren Anliegen es war, die Führer der nicaraguanischen Regierung, die Sandinisten und die Anführer der Miskitos, einer Widerstandsbewegung an der Ostküste des Landes, zusammenzubringen. Die Verhandlungen zielten darauf ab, einen fast acht Jahre andauernden Krieg zu beenden. Andere Mediatoren lebten im Land, aber wegen der angespannten Beziehungen zwischen Nicaragua und seinen Nachbarstaaten hatten sie mit Reiseeinschränkungen zu kämpfen.

Während der Monate, die diesem Telefonanruf vorausgingen, war ich der Kommunikationskanal zwischen den Oppositionsführern in Costa Rica und den führenden Sandinisten in Managua (Nicaragua) gewesen. Immer wieder übermittelte ich Botschaften von hier nach da.

Am Tag nach dem Anruf brachten wir meine Familie außer Landes, nachdem wir noch beängstigendere Informationen bekommen hatten. In den darauf folgenden Wochen und Monaten kehrte ich auf eigene Faust nach Costa Rica zurück, um die Arbeit fortzusetzen. Die Verhandlungen kamen zustande und am Ende konnte auch ein Waffenstillstand vereinbart werden.

Doch während dieser Zeit verstärkten diejenigen, die keine separate indigene Vereinbarung wollten, den Druck und die Anwendung von Gewalt. Seit jener schlaflosen Nacht quält mich der nagende Gedanke: Die Bemühung um Frieden ist ein edles Anliegen, aber zu welchem Preis?

Opfer für einen Feind

Viele Kinder, die die Sonntagsschule besuchen, lernen Johannes 3,16 auswendig. Dieser bekannte Vers aus der Bibel hat seit unserer Zeit in Zentralamerika und meiner Arbeit in den Krisengebieten eine ganz neue Bedeutung gewonnen. Traditionell verstehen wir Johannes 3,16 als eine Glaubensformel. Wir neigen dazu, die Betonung auf den Teil zu legen, wo es heißt: »damit alle, die an ihn glauben, … das ewige Leben haben.« Was zählt, ist der Glaube.

Johannes 3,16

Denn also hat Gott die Welt geliebt, dass er seinen eingeborenen Sohn gab, damit alle, die an ihn glauben, nicht verloren werden, sondern das ewige Leben haben.

Sehen wir noch einmal genau hin. In dem Vers geht es um ein Elternteil, das ein Kind aufgibt. Als Eltern, deren Kind bedroht wurde, haben Wendy und ich diese Geschichte viel zu real erlebt. Die Geburt unserer Ältesten Angie und ihres jüngeren Bruders Joshua war für mich ein kostbares Geschenk. Trotz aller Herausforderungen, des Energieaufwands, der schlaflosen Nächte und der Streitigkeiten unter den Geschwistern ist das Geschenk eines Lebens, das in unsere Hände gelegt wird, damit wir es umsorgen, lieben und aufwachsen sehen, einfach unvergleichlich.

Darum hatte mich dieser Telefonanruf wachgerüttelt und mich zu einer anderen Sichtweise veranlasst. Ich wurde mit der

Realität des höchsten Opfers konfrontiert. Als ich sagte, angesichts der Nachricht hätte ich an jenem Abend gespürt, wie das Blut aus meinem Gesicht wich, meinte ich es wörtlich. Es war, als würde mein Herz auseinandergerissen.

Eine Bedrohung meines eigenen Lebens konnte ich aushalten, aber wie könnte ich hinnehmen, dass das Leben meines einzigen Kindes bedroht wird? Welche Aktivitäten wären es wert, das Leben meiner Tochter in Gefahr zu bringen? Könnte ich für die Friedensbemühungen in Nicaragua das Leben meines Kindes opfern? Denken Sie einmal darüber nach. Gibt es etwas, das Ihnen so wichtig ist, dass Sie Ihr Kind aufgeben würden, um Ihr Ziel zu erreichen?

In Johannes 3,16 erfahren wir, dass dem Bemühen Gottes um Versöhnung diese Entscheidung für das Opfer zugrunde liegt. Als Vater und Mensch kann ich nicht begreifen, dass Gott als Elternteil dieses so kostbare Geschenk hingibt, um streitlustige Feinde, die schlicht falsch liegen, mit sich zu versöhnen.

Ein Opfer für die Familie oder Freunde kann ich noch verstehen. Ich würde zum Beispiel nicht zögern, einer riskanten Bluttransfusion zuzustimmen oder mein Leben in Gefahr zu bringen, wenn ich dadurch das Leben meines Kindes retten könnte. Dies jedoch *für einen Feind* zu tun, ist für mich unvorstellbar.

Ich kann den Vers 16 aus Johannes, Kapitel 3, nicht mehr als eine Kurzformel für die Erlösung sehen. Ich verstehe ihn als ein grundlegendes Prinzip für Versöhnung. Es ist eine Ethik, die auf der Bereitschaft basiert, für einen Feind das höchste Opfer zu bringen. Ein Verhalten, das durch die grenzenlose Liebe und Gnade Gottes gestützt und möglich gemacht wird.

Diese Liebe habe ich auf vielerlei Weise erlebt. Sie hat nicht nur meine Familie in Zentralamerika beschützt, sondern auch eine Fülle von Unzulänglichkeiten ausgeglichen. Mein Wunsch ist es, die Welt mit dieser Liebe bekannt zu machen, aber mir wird klar, dass ich ihre wirkliche Höhe und Tiefe kaum erfasst habe. Immer wieder stelle ich fest, dass ich versage. Ich bin gar nicht in der Lage, sie zu praktizieren und aus ihr zu leben. Ich weiß nur, dass diese Liebe am Ende das Leben erhält und der Kern des Wesens Gottes ist, des Gottes, der Versöhnung sucht mit dem Feind, indem er sich selbst opfert.

Frieden: Eine utopische Fantasie oder ein biblischer Traum?

In den vergangenen Jahren habe ich viel mit lang andauernden Konflikten und Kriegen zu tun gehabt. Das ist auch heute noch so. Diese Arbeit hat mich angreifbar gemacht, wie die Geschichte mit dem Telefonanruf zeigt. Doch da gibt es nicht nur den persönlichen Aspekt. Die Ursachen für die Entstehung eines Krieges sind sehr komplex und setzen sich aus vielen verschiedenen Handlungsebenen und ihren Konsequenzen zusammen. Diese Ursachen sind zurückzuführen auf Feindseligkeiten und Streitigkeiten zwischen den Menschen, die Generationen zurückreichen. Sie betreffen auch ganze Völker und ihre sehr ausgeprägten unterschiedlichen Interessen.

Christen reden oft vom Frieden. Manchmal meinen wir damit den persönlichen, inneren Frieden, den ein Mensch empfindet, der mit Gott ins Reine gekommen ist. Wir verwenden das Wort *Frieden* auch im Zusammenhang mit harmonischen Beziehungen innerhalb der Familie, im Freundeskreis und zu den Kollegen. In vielen Kirchen kommt der Ausdruck Frieden in einem anderen Kontext gar nicht vor. Die Art von Frieden, der gute Beziehungen auf nationaler oder globaler Ebene zum Thema macht, kann bedrohlich wirken oder politisiert. Vielleicht übersteigt ein solcher Friede auch einfach unsere Vorstellungskraft. Die Bemühung um internationale Versöhnung und Frieden ist eine höchst komplexe Aufgabe, und viele von uns sind nicht einmal in der Lage, auch nur informiert dafür zu beten. Wir denken vielleicht, wir hätten nichts anzubieten: Wenn es uns schon schwer fällt, mit unseren Familien oder den Brüdern und Schwestern in der Gemeinde in Frieden zu leben, wie können wir da annehmen, wir hätten angesichts der andauernden internationalen Konflikte etwas einzubringen? Es gelingt uns kaum, die Gefühle und Wahrnehmungen der Menschen nachzuempfinden, die sich mit kriegerischen Auseinandersetzungen konfrontiert sehen. Wir möchten gern helfen und dazu beitragen, einen Raum für Versöhnung zu schaffen, das wild wuchernde Unkraut des Krieges ausreißen, damit Frieden gepflanzt werden kann. Doch dieses Ziel scheint in weiter Ferne zu liegen. Es erscheint uns hoffnungslos – ein utopischer Traum.

Eine ganze Weile habe ich mich für diese menschliche Aktivität interessiert, die gemeinhin als träumen bekannt ist. Zum ersten Mal wurde ich mit dem Träumen konfrontiert durch eine Frage, die mir gestellt wurde: »Was willst du werden, wenn du groß bist?« Später dann hat mich diese Frage zunehmend geärgert. Doch als Kind war sie aufregend und ließ unendlich viele Möglichkeiten offen. Ich begegnete dieser Frage mit der Unschuld großer Augen und unbegrenzter Ideen. Buchstäblich alles war möglich.

Meine erste Antwort auf diese Frage wird in meiner Familie immer noch erzählt. Einige wohlmeinende Erwachsene hatten mir und ein paar Freunden diese Frage nach einem späteren Beruf und einer späteren Identität gestellt. Ein Freund antwortete wie aus der Pistole geschossen: »Feuerwehrmann.« Der zweite: »Arzt.« Und dann sagte ich im Brustton der Überzeugung: »Ich möchte ein Fußball werden.«

Der Prozess des »erwachsen« und »reif« Werdens reißt uns aus den Kindheitsträumen, aus der Unschuld in Bezug auf das Mögliche und katapultiert uns in die Realitäten des Erwachsenseins. Erwachsen werden scheint gleichbedeutend zu sein mit »realistisch werden«. Wir sollen Teil der realen Welt werden.

Doch mich bekümmert, was wir während dieses Prozesses verlieren. Um es ungeschminkt auszusprechen: Ich habe Sorge, dass eine bestimmte menschliche Spezies ausstirbt: Der Träumer.

In unserer heutigen Zeit gibt kaum noch Träumer. Ich zitiere gern die Worte von Langston Hughes. In mehreren seiner Gedichte bringt er eine ähnliche Sorge zum Ausdruck. In seinem Gedicht *The Dream Keeper* (Der Traumwächter) fordert Hughes uns auf, alle unsere Träume vor den »viel zu groben Fingern der Welt« zu schützen. Im Gedicht *Dreams* rät uns der Dichter, »an Träumen festzuhalten«, denn ohne sie sei das Leben »eiskalt« und »öde«, gestrandet wie ein »Vogel mit gebrochenem Flügel«.

Träumen

Beim Träumen geht es, einfach ausgedrückt, um eine Verknüpfung der Gegenwart mit der Zukunft. Meiner Meinung nach gibt es mindestens zwei verschiedene Möglichkeiten, die Gegenwart und die Zukunft miteinander in Verbindung zu bringen. Die erste können wir den sogenannten Zukunftsforschern zuordnen. Das sind zum Beispiel Menschen, die aus der Hand lesen, Börsenmakler und Experten wie Alvin Toffler und John Naisbeth, die schon früh bestimmte Entwicklungen vorausgesehen haben, oder neuere Prognostiker wie die, die Trends in der Technologie oder Politik voraussagen. Anhand von bestimmten Zeiterscheinungen sagen sie voraus, wo wir in der Zukunft stehen werden. Einfach ausgedrückt, sie schauen auf das, was ist, und vermuten basierend auf diesen Realitäten, was sein wird. Das nennen wir *Realismus.* Die andere Art des Träumens hat mit *prophetischem Blick und prophetischer Stimme* zu tun.

Realismus. Wenn wir uns die Realitäten auf der Welt nüchtern ansehen, ist das, was wir sehen, herausfordernd und überwältigend zugleich. Die Menschheit auf dem Planet Erde, auf dem wir leben, leidet Not. Sehen wir doch nur für einen kleinen Moment durch ein paar Fenster in dieses Haus, das wir Menschen unser Zuhause nennen. Beobachten wir doch einmal, wie wir uns in der realen Welt organisieren.

Das letzte Jahrzehnt des 20. Jahrhunderts begann mit dem Ausbruch des Golfkriegs. Im Golfkrieg haben die Vereinigten Staaten ihre nationalen Ressourcen in einem bisher noch nie da gewesenen Maß eingesetzt, um ein Land mit ein paar Millionen Einwohnern zu befreien. Doch dieser Kampfeinsatz der Vereinigten Staaten hatte nicht zum Ziel, die grundlegenden Bedürfnisse der Menschen zu sichern, weder zu Hause noch im Ausland. Die Milliarden Dollar, die in den ersten Monaten jenes Krieges ausgegeben wurden, hätten den Jahreshaushalt des *World Food Programmes* der Vereinten Nationen für die nächsten 200 Jahre gesichert. Die Vereinigten Staaten haben für die Vorbereitung und Durchführung der ersten zehn Bombardierungen des Iraks mehr Geld ausgegeben als für die Unterbringung der Obdachlosen in den Großstädten.

Zur Jahrtausendwende erlebten wir den 11. September 2001, ein entscheidendes Datum für die Vereinigten Staaten und die ganze Welt. Der Krieg gegen den Terror wurde erklärt und zog eine ganze Reihe bewaffneter Konflikte im Irak und in Afghanistan nach sich. Aber dies waren nicht die einzigen Kriege. Friedensforscher messen die Konflikte an der Zahl der Todesopfer. Wenn im Zuge der Auseinandersetzungen in einem Jahr mindestens 25 Menschen zu Tode kommen, sprechen wir von einem bewaffneten Konflikt; bei 1000 oder mehr Opfern von einem Krieg. Im Jahr 2009 waren auf der Welt mehr als 30 bewaffnete Konflikte zu verzeichnen und Dutzende, die als Kriege eingestuft wurden. Seit dem Zweiten Weltkrieg haben 236 aktive Kriege an 150 Schauplätzen uns Menschen erschüttert. Die meisten davon sind in der südlichen Hemisphäre unseres Globus verortet, wo ein hohes Maß an Armut und Krankheit herrschen, das Bildungsniveau und die Lebenserwartung sehr niedrig sind. Unter solchen Bedingungen flackern bewaffnete Konflikte schnell auf.

Als Weltbevölkerung verbringen wir viel Zeit und investieren kostbare Ressourcen für die Herstellung, den Verkauf und die Verteilung von Waffen.[1] Unsere Regierung gibt 1,464 Billionen Dollar aus, um uns voreinander zu schützen. Das nennen wir nationale Verteidigung.

Als Weltbevölkerung verbrauchen wir eine außergewöhnlich hohe Summe für Dinge, die nur einem einzigen Zweck dienen: Leben zu vernichten.

1464 000 000 000 Dollar.

Eine unvorstellbare Zahl. Ich brauchte mehrere Anläufe, um die richtige Anzahl Nullen zu schreiben.

Vielleicht helfen einige Vergleiche. Die Vereinten Nationen setzen sich zusammen aus 195 Ländern. Wenn wir die nationalen Ausgaben für die 140 ärmsten Länder zusammenzählen, immerhin mehr als zwei Drittel der Länder, die der UNO angehören, würde ihr gemeinsamer Jahreshaushalt nicht an 1426 Billionen Dollar heranreichen. Gleichzeitig berichtete die Weltbank im Jahr 2009, dass die Hälfte der Weltbevölkerung von weniger als 2,50 Dollar pro Tag leben muss, 80 Prozent von weniger als 10 Dollar pro Tag. Nach einem Bericht von UNICEF (dem Kinderhilfswerk der Vereinten Nationen) aus dem Jahr 2009 leiden 200 Millionen unserer Kinder unter fünf Jahren unter Wachstumsstörungen auf Grund von Mangelernährung.

---

1 Dieser Abschnitt und die vier folgenden, außerdem der Seitenkasten, sind mit freundlicher Genehmigung übernommen aus: John Paul Lederach, *The Poetic Unfolding of the Human Spirit*, Fetzer Institute, Kalamazoo 2011, S. 10–11.

So sieht die Realität in unserer Welt heute aus. Diese kurzen Einblicke in die Zustände auf unserem Planeten machen deutlich, dass wir in einer Welt leben, in der Gewalt herrscht. Die Ressourcen werden nicht gleichmäßig verteilt, und die Entwick-

---

Nahrungs- und Menschenfluss

Wenn wir uns die globale Nahrungsversorgung als Fluss vorstellen, wird deutlich, dass dieser Fluss nicht gleichmäßig fließt. Es gibt breite Nahrungsmittelflüsse, dem Mississippi vergleichbar, die in reichen Ländern und zu den Wohlhabenden fließen. Wenn wir die Möglichkeit hätten, die Millionen von Menschen sichtbar zu machen, die nicht genug zu essen haben, würde uns klar, wie nah die Menschen, die an Hunger und Mangelernährung leiden, an den Nahrungsmittelflüssen leben und wie oft der Fluss zu kaum wahrnehmbaren Rinnsalen vertrocknet, bevor er sie erreicht. Im Jahr 2009 berichtete Reuters, dass 32,2 Millionen Menschen in den Vereinigten Staaten, einer von zehn Amerikanern, auf Lebensmittelmarken angewiesen seien, weil sie nicht in der Lage seien, selbst für ihren Lebensunterhalt aufzukommen.

Wenn wir uns dagegen die Bevölkerung als einen Fluss vorstellen, den Menschen-Fluss, würde uns schnell die Mobilität der Menschen ins Auge fallen. Sie bewegen sich auf Arbeitsstellen und Hoffnung zu. Sie entfernen sich von Leid und Gewalt. Ihr Ziel sind die Großstädte und global gesehen der Norden. Wir können nicht die Augen davor verschließen, wie viele dieser Zuflüsse des Flusses in den scheinbar unerschöpflichen Quellen des bewaffneten Konflikts entspringen.

Am Weltflüchtlingstag im Jahr 2013 veröffentlichte das Flüchtlingshilfswerk der Vereinten Nationen (UNHCR) einen Bericht, wonach 48,7 Millionen Menschen Binnen- oder Kriegsflüchtlinge seien. In dem Bericht und den Daten verbarg sich eine nicht unwesentliche Information: 70 Prozent der Flüchtlinge waren Mütter und Kinder. In den vergangenen zehn Jahren sind 26 Millionen Menschen vor Gewalt geflohen. Doch die Landesgrenze haben sie nicht erreicht. Sie strandeten als Binnenflüchtlinge in ihrem Heimatland. Allein in Kolumbien gibt es fünf Millionen Binnenflüchtlinge. Mehr als 100 Millionen Mitglieder unserer Weltfamilie leben ohne Heim, fast eine Milliarde ohne angemessene Unterkunft.

lung ist nicht darauf ausgerichtet, die grundlegenden Bedürfnisse der Menschen zu erfüllen. Rassismus und Angst herrschen vor. Gesundheit, Bildung und Wohnraum rangieren ganz unten auf der Liste der nationalen und globalen Prioritäten. Zwischenmenschliche Konflikte werden durch das Gesetz des Stärkeren gelöst. Wenn wir unsere Welt realistisch betrachten, erscheint uns Frieden als eine utopische Fantasie von Menschen, die anscheinend den Kontakt zur Realität verloren haben.

Wir sollten jedoch vorsichtig sein mit unserem Hang zu objektivem Wissen und Realismus, denn beide gehen von einer stillschweigenden Voraussetzung aus. Der Realismus geht davon aus, dass das, was jetzt ist, und das, was in der Zukunft sein wird, übereinstimmen. Das Morgen wird als Sklave des Heute gesehen. Viel zu oft fügen wir uns in das, was ist, und übernehmen die Dinge so, wie sie sind. »Realistisch werden« bedeutet viel zu häufig »sich anpassen« und »mitmachen«. Wir passen uns an und geben unsere Träume auf, um uns einzufügen in die Situation, so wie sie in der realen Welt ist. Und so bringt uns unser Wunsch, realistisch zu sein, dazu, das, was um uns herum ist, mit objektivem und beschreibendem Blick zu sehen. Er sorgt dafür, dass wir angesichts der praktischen Herausforderungen, vor denen wir stehen, mit den Füßen auf dem Boden bleiben. Doch wir dürfen nicht zulassen, dass wir uns über die Realitäten definieren, die diese Herausforderungen darstellen. Das Begreifen der Realitäten, in denen wir leben, darf uns nicht dazu verleiten zu akzeptieren, dass die Dinge so und nicht anders sind.

Prophetischer Blick und prophetische Stimme. In der Bibel finden wir einen zweiten Ansatz zum Träumen oder der Verknüpfung von Gegenwart und Zukunft: Durch prophetische Augen und eine prophetische Stimme, indem wir unser Leben an den unsichtbaren Realitäten ausrichten. In vieler Hinsicht ist die Bibel eine umfangreiche Sammlung von Träumen und Berichten über Träumer. Für mich lässt sich das in einem einzigen Vers zusammenfassen, der den Glauben beschreibt, wie wir ihn im Brief an die Hebräer finden: »Es ist aber der Glaube eine feste Zuversicht auf das, was man hofft, und ein Nichtzweifeln an dem, was man nicht sieht« (Hebräer 11,1). In einer anderen Übersetzung heißt es: »Der Glaube ist der tragende Grund für das, was man hofft: Im Vertrauen zeigt sich jetzt schon, was man noch nicht sieht« (Hoffnung für alle).

Offensichtlich wollte der Autor dieses Briefes nicht, dass sich die Menschen in der Abstraktheit der Aussage verlieren. Um den praktischen Kern dieser Aussage zu verdeutlichen, wird in den folgenden 40 Versen eine lange Liste von Beispielen angeführt. Sie alle sind Menschen, die sich an den unsichtbaren Realitäten orientierten.

Noah zum Beispiel baute auf trockenem Land ein Schiff, um sich auf eine Flut vorzubereiten. Wie verrückt! Abraham verließ sein Heimatland, um sein Erbe in Empfang zu nehmen, ohne zu wissen, wohin er ziehen sollte. Die beherzte Sara hielt an dem Glauben fest, dass sie ein Baby zur Welt bringen würde, obwohl sie das Alter, in dem Frauen Kinder bekamen, längst überschritten hatte.

Diese Glaubensvorbilder, diese Menschen, diese Träumer der Bibel – aus ihnen setzt sich die »Wolke der Zeugen« zusammen (Hebräer 12,1). Ihre Träume waren keine Voraussagen der Zukunft in Übereinstimmung mit der Gegenwart. Ganz im Gegenteil. Sie veränderten die gegenwärtige Realität, indem sie an einer Vision der Zukunft orientiert lebten. Das ist »Glaube« (Hebräer 11,39). Diese Menschen richteten sich nicht nach dem, was war, sondern ließen sich leiten von einer Vision des Unsichtbaren. Diese Vision des Unsichtbaren verändert die Dinge, wie sie sind.

Clarence Jordan übersetzte diesen Vers einmal folgendermaßen: »Glaube verwandelt Träume in Taten.« In den Sprüchen lesen wir: »Wo keine Offenbarung ist, wird das Volk wild und wüst« (Sprüche 29,18). Anders ausgedrückt: »Träume oder stirb!« Es geht hier nicht um den richtigen Tod, sondern um den Tod, den wir erleben, wenn wir die Gegebenheiten annehmen und uns an sie anpassen, anstatt so zu leben, als könnte alles anders sein.

Am Ende des Buches werden wir noch einmal zu diesem Konzept des biblischen Träumens zurückkehren. Für den Augenblick lassen Sie mich sagen, dass für diese Reise der Versöhnung beides nötig ist. Wir sollten *mit den Beinen auf dem Boden* bleiben, in Kontakt mit den Realitäten unserer Welt; aber wir sollten auch den *Kopf in den Wolken* haben und die Möglichkeit nicht ausschließen, in einer neuen Realität mit gerechteren und friedlicheren Beziehungen zu leben.

Auf ein biblisches Verständnis hin

Ständig werde ich mit Fragen konfrontiert, die mich verwirren: Wie kann es uns gelingen, nicht nur über den Frieden zu reden, sondern Frieden zu stiften? Wie können wir das Wohlergehen der Menschen und Gerechtigkeit im Umfeld von zerstörerischer Gewalt und Unterdrückung fördern? Wie bringen wir Feinde zusammen?

Einen großen Teil meiner Zeit arbeite ich mit Personen, die verfeindet sind. In Nicaragua, Somalia, auf den Philippinen und in Nepal bin ich häufig mit Menschen zusammen, die andere bedrohen oder selbst bedroht werden. Feinde haben ein paar ihrer Freunde getötet und sie haben ihre Feinde getötet. Sie sind misstrauisch und werden selbst misstrauisch beäugt. Sie werden gehasst und hassen selbst. Sie geben ihren Feinden die Schuld an ihrem Leiden und rechtfertigen die Anwendung von Gewalt mit der Behauptung, sich selbst schützen zu müssen.

Da es mir ein Anliegen ist, mich um den Frieden zu bemühen, bin ich gleichzeitig damit beschäftigt, mich mit dem Wesen von Feindschaft auseinanderzusetzen. Wie arbeite ich mit und zwischen verfeindeten Menschen? Wie schaffe ich es, ihre Angst und ihren Hass zu akzeptieren und damit umzugehen?

Von diesen sehr realen Lebenserfahrungen und Fragen wandte ich mich wieder den verschiedenen Feindbildern zu, die in der Bibel zu finden sind. Ich hatte Mühe, sie zu begreifen. Dieser eben erwähnte Telefonanruf hat mich zum ersten Mal mit einem Feind konfrontiert, der mir und meinen Lieben ganz real schaden wollte. Mehrfach wurde mein Leben bedroht, und ich habe sogar direkte körperliche Angriffe auf meine Person überlebt. Die Ereignisse jenes Abends und die darauf folgenden Jahre haben mich veranlasst, über zwei scheinbar gegensätzliche Feindbilder in der Bibel nachzudenken: Die Aufforderung, die Feinde zu vernichten, und die Aufforderung, sie zu lieben. Die Bibel ist eine ergiebige Quelle für Christen, die sich um Frieden bemühen, zum Teil gerade deshalb, weil sie beides zeigt: ehrliche Schreie der Menschen nach Rache und Vergeltung, aber auch den beharrlichen, sanften Ruf Christi, dessen Leben und Dienst uns auffordert, unsere Feinde zu lieben.

Die folgenden Kapitel sind keine ausdrückliche biblische Auslegung. Ich bin kein Theologe und verfüge nicht über die Hilfsmittel der Hermeneutik. Ich bin ein Praktiker, der auf der Grundlage seiner Erfahrungen schreibt und auf Verständnis auf induktiver Basis setzt. Manchmal sehe ich mich selbst als einen Akademiker, der sich im Genesungsprozess befindet.

Wenn ich mit Menschen zusammentreffe, die unter kleineren oder aber unter tief greifenden Konflikten und Gewalt leiden, beginnen und enden unsere Gespräche mit Geschichten. Ich höre mir ihre Erzählungen an, und wenn ich die Bibel aufschlage, finde ich eine außergewöhnliche Fülle der unterschiedlichsten Geschichten von Menschen, die die Gegenwart Gottes erlebten.

Ich will hier versuchen, mit Geschichten zu arbeiten, denn ich bin der Überzeugung, dass Gott uns durch die Geschichten und das Erleben anderer begegnet. Die nachfolgenden Kapitel sollen uns helfen, Versöhnung aus Sicht der Bibel zu verstehen. Ich halte mich hier nicht an die chronologische Reihenfolge. Diese Geschichten zeigen uns das Herz Gottes und verdeutlichen, dass er Versöhnung für die Menschheit verspricht.

Beginnen möchte ich mit der Geschichte von Jakob und Esau, zwei Brüdern, die schon in einen Konflikt hineingeboren wurden, die eine tiefe Zerbrochenheit und Jahre der Trennung und am Ende doch Versöhnung erlebten. Die dramatische Geschichte dieser bekannten Familie aus der Bibel bietet einen Rahmen für unsere Reise zum Verständnis der Absicht Gottes, dass wir alle uns Gott und einander zuwenden sollen.

Impulse zur Vertiefung und Reflexion

Träumen

- Finden Sie heraus, was zerbrochen ist – in Ihrer Familie, der Nachbarschaft, dem beruflichen Umfeld, der Region, dem Volk, dem Land oder der Welt – und an welcher Stelle Sie sich für die Heilung einsetzen wollen.
- Laden Sie andere Menschen, denen Sie vertrauen, dazu ein, Ihnen zu helfen, Ihren Traum zu formulieren und zu präzisieren.
- Halten Sie in Ihrem direkten Umfeld Ausschau nach einflussreichen Persönlichkeiten (in christlichen, geschäftlichen, politischen, bildungsbezogenen oder gemeinnützigen Bereichen), die es gewagt haben, denselben unmöglichen Traum zu träumen.

- Untersuchen Sie, wie diese einflussreichen Persönlichkeiten »Träume in Taten« umgewandelt haben, und streben Sie eine Zusammenarbeit mit ihnen an, um Ihren gemeinsamen Traum zu verwirklichen.

Feinde

- Benennen Sie die Person oder Gruppe, die Sie als »Feind« einordnen würden.
- Schreiben Sie die Vorurteile, Meinungen, Geschichten und Ängste auf, die Ihre »Wahrheit« in Bezug auf Ihren Feind definieren. Schreiben Sie die Fragen auf, die Sie Ihrem Feind stellen würden, wenn Sie die Gelegenheit dazu hätten.
- Betreten Sie voller Demut die heiligen Räume Ihres Feindes, zum Beispiel bedeutende historische Orte, Anbetungsorte oder Orte des tiefsten Schmerzes.
- Setzen Sie sich mit den Geschichten Ihres Feindes auseinander, durch Bücher, Dokumentationen, Podcasts oder Präsentationen oder nehmen Sie an einem Dialog teil, der Sie mit Ihren Feinden in demselben Raum zusammenführt.
- Nehmen Sie sich Ihre Liste von Vorurteilen, Meinungen, Geschichten und Ängsten noch einmal vor. Benennen Sie die neuen Erkenntnisse, die Sie gewonnen haben.

KAPITEL 2

Sich dem Angesicht Gottes zuwenden: *Jakob und Esau*

DIE GESCHICHTE VON JAKOB UND Esau hat mehr als jeder andere Text aus der Bibel mein Verständnis von der Reise und den Begegnungen in einem Versöhnungsprozess geprägt. Diese herausfordernde Geschichte einer Familie und zweier Brüder bietet einen Leitfaden für die anderen Geschichten und Gedanken, auf die ich in diesem Buch eingehen möchte. Und sie bietet einen Ansatz zum Nachdenken für alle Angehörigen abrahamitischer Glaubensrichtungen – Christen, Juden und Muslime –, die gemeinsame Geschichte eines langwierigen Konflikts. In dieser Geschichte begegnen uns viele Elemente, die auch in gestörten Beziehungen zu finden sind. Wir stoßen auf komplexe und schwierige Begegnungen und auf Zerrissenheit. Konflikte wie diese ermöglichen uns einen aufmerksamen Blick auf uns selbst. Sie helfen uns, uns denen zuzuwenden, vor denen wir Angst haben oder die uns Böses wünschen, und am Ende zu überlegen, wie wir die Gegenwart Gottes unter uns finden.

In Workshops oder Vorträgen lasse ich diese Geschichte gern als Theaterstück aufführen. Die Teilnehmer oder Zuhörer übernehmen die Rolle der wichtigsten Familienmitglieder. Auf diese Weise können wir uns im Lauf der Geschichte in das Denken und Erleben einer jeden Person hineinversetzen. Wir können nicht nur »ins Innere« lauschen, sondern verfolgen den Verlauf des Konflikts. Die Ereignisse dieser Geschichte werfen entscheidende Fragen auf in Bezug auf das Wesen von Versöhnung.

Bei der Wiedergabe der Geschichte auf diesen Seiten will ich versuchen, dieses innere Erleben und die körperliche Bewegung deutlich zu machen. Das Porträt dieser beiden Brüder, wie wir es in der Bibel finden, lässt einige wichtige Fragen offen, auf die es keine Antworten gibt, Fragen, die uns in unserem Bemühen, aus dem Glauben heraus auf tief gehende zwischenmenschliche Konflikte zu reagieren, immer wieder begegnen.

Diese bedeutende Familie aus der Bibel sieht sich mit allen Herausforderungen und Problemen einer normalen Familie konfrontiert. Das vergessen wir leicht beim Lesen der Geschichte, wie sie uns in Genesis 25 bis 33 geschildert wird. Wir werden uns die Geschichte (in anderer Schriftart) Schritt für Schritt sehr sorgfältig ansehen und uns auf die Fragen konzentrieren, die im Zusammenhang mit Versöhnung stehen. Nehmen wir uns Zeit, uns intensiv mit den Erfahrungen der handelnden Personen auseinanderzusetzen.

In den Konflikt hineingeboren

Isaak und Rebekka mussten lange auf ein Kind warten. Als Rebekka endlich schwanger wird, herrscht große Freude, doch sie spürt einen Kampf zwischen den beiden Babys in ihrem Leib. Als sie Gott danach fragt, bekommt sie zur Antwort, dass der Zweitgeborene über den Erstgeborenen herrschen soll.

Versetzen wir uns einmal in die verwirrende Welt der Rebekka. Warum dieser Kampf? Warum wird ein Kind dem anderen vorgezogen? Wir sollten uns nicht scheuen, Gott genauso zu hinterfragen, wie es viele Personen in der Bibel tun: Warum, Gott? Warum zeigt sich nach all diesen Jahren, in denen wir treu gewartet haben, dass mit diesem lang ersehnten Geschenk auch gleich schon erste Anzeichen von Streit am Horizont auftauchen?

Bevor wir diesen frühen, vorgeburtlichen Augenblick verlassen: Wie stehen wir zu dem Problem, dass viel zu viele Kinder auf dieser Erde in sozialen, kulturellen und politischen Strukturen zur Welt kommen, in denen es Hierarchien der Ausgrenzung, des Kampfes und der Ungerechtigkeit gibt? An so vielen Orten dieser Welt werden Kinder buchstäblich in Konflikte hineingeboren, in konkurrierende Identitäten, in Formen der Ungerechtigkeit, über die sie keinerlei Kontrolle haben.

> Esau kommt zuerst zur Welt, mit rötlicher Haut und behaart. Als Erstgeborener wird er der Stolz seines Vaters, ein Jäger und ein Bär von einem Mann. Jakob, der Zwilling, der bei seiner Geburt die Ferse seines Bruders festhielt, ist der Stolz seiner Mutter. Er bleibt in der Nähe seines Zuhauses und kocht leckere Eintöpfe.

Es fällt nicht schwer, sich vorzustellen, dass in dieser Familie Spannungen vorprogrammiert sind, Meinungsverschiedenheiten zwischen den Eltern und ihren Kindern in den Jahren, in denen sie heranwachsen. Unterhalten sich Isaak und Rebekka über ihre beiden Jungen? Sprechen sie über ihre Unterschiede und Vorlieben? Hat Rebekka Jakob von der nächtlichen Stimme erzählt, die gesagt hatte, dass Jakob der Erste sein sollte? Drängt Isaak Jakob, seinem Bruder nachzueifern? Reden die beiden Brüder miteinander, über ihre Vorlieben und Abneigungen, ihre Hoffnungen und Ängste? Wir wissen es nicht. Davon erfahren wir nichts. Es ist unserer Fantasie überlassen, uns die wachsenden Unstimmigkeiten in dieser Familie auszumalen.

> In den späten Teenagerjahren setzt sich das Muster zwischen den Zwillingen fort. Einmal geht Esau auf die Jagd. Er ist lange

> unterwegs, ohne Erfolg. Ausgehungert kommt er zurück, und sein Bruder ist gerade dabei, einen von seinen berühmten Eintöpfen zu kochen. Erschöpft bittet Esau ihn um eine Schale von dem Essen. Jakob sieht ihn an und erwidert: »Wenn du mir dein Geburtsrecht überlässt, dann bekommst du von meinem Eintopf.« Esau ist überrumpelt und reagiert spontan und unverblümt, wie es seiner Persönlichkeit entspricht. »Was nützt mir mein Geburtsrecht, wenn ich heute sterben sollte? Gib mir zu essen. Es gehört dir.« Der Austausch findet statt: Eintopf gegen das Geburtsrecht, Essen gegen den Status und die erste Position.

Die biblische Geschichte fängt Esaus Gedanken ein, dass der Name seines Bruders – »der die Ferse umklammert« – zutreffend ist. Denn dieser Name lässt auf eine hinterlistige und verschlagene Persönlichkeit schließen. Was denkt Esau in seinem tiefsten Inneren? Was hat mein Bruder vor? Für wen hält er sich eigentlich? Er gibt sich immer so überlegen, behandelt mich, als wäre ich ein Dummkopf. Und was geht in Jakob vor? Ganz eindeutig weiß er Bescheid über die Sache mit dem Geburtsrecht. Ist er verbittert, weil er als Zwilling der Zweite ist, der Geringere? Beneidet er seinen Bruder um dessen Kraft und enge Beziehung zu ihrem Vater?

Viele Konflikte liegen in uns selbst, gründen sich auf unsere Wahrnehmungen und die Geschichten, die wir über uns und andere erzählen. Und viele Konflikte kochen hoch in dem emotionalen, aber überwiegend unausgesprochenen Prozess, die Bedeutung unserer Beziehungen zu interpretieren. Es geht nie nur um die Fakten. Es geht um die Bedeutung, das Gefühl und die Deutung unseres Lebens, das mit dem anderer verwoben ist. Das erleben wir hier, bei diesen beiden Brüdern. Wir können ahnen, dass die Geschichte auf eine Trennung zuläuft. In ihren unausgesprochenen inneren Welten bauen sich ernste Fragen auf. Diese allgegenwärtigen Fragen stellen sich wiederholt in jedem Konflikt ein. Wer bin ich? Wer bist du? Wer sind wir?

Den Segen weitergeben

Als Isaak alt und fast blind ist, ruft er Esau zu sich. Es ist an der Zeit, den Segen an den Erstgeborenen weiterzugeben. »Geh«, sagt er. »Such mir ein Stück Wild, wie ich es liebe. Bereite es zu. Ich will davon essen und dir dann den Segen geben.« Esau zieht los, um ein Tier zu schießen und zu braten, da das Mahl dem Generationensegen vorausgeht. Während er fort ist, macht sich Rebekka, die das Gefühl hat, dass der Augenblick für Jakob gekommen ist, sich das versprochene Geburtsrecht und den Familiensegen zu sichern, auf die Suche nach Jakob und erklärt ihm, wie er den alten Mann überlisten und ihm vormachen kann, er sei Esau.

Es folgt ein interessantes Gespräch, denn es ist nicht so, dass Mutter und Sohn sich nur einen Spaß erlauben wollen. Hier geht es um eine bewusste Täuschung. Sie arbeiten mit Lügen und gehen sogar so weit, dass sie ein Ziegenfell um Jakobs Arm binden, damit er sich für ihren Vater, der nicht mehr gut sehen kann, anfühlt wie sein Bruder. Jakob ist von dem Plan nicht begeistert. Er hat Angst, ertappt und verflucht zu werden. Aber Rebekka überzeugt ihn, und kurz darauf betritt er das Zelt seines sterbenden Vaters.

Jakob ruft: »Vater, ich bin Esau. Ich bringe dir dein Essen. Iss. Ich bin hier, um deinen Segen entgegenzunehmen.« Der alte Mann wendet sich ihm zu. Die Stimme verunsichert ihn, aber er kann seinen Sohn nicht sehen. »Esau, bist du das wirklich? So schnell schon?«

»Ja«, lügt Jakob erneut und spricht dabei sogar den Namen Gottes aus. »Der Herr, dein Gott, hat mir Erfolg geschenkt.« Der alte Mann möchte seine Hände und Arme betasten. »Es ist Jakobs Stimme, aber es sind Esaus Arme«, sagt er. Er isst und gibt Jakob anschließend den Segen des Erstgeborenen.

Kurz darauf kehrt Esau zurück und bringt seinem Vater das zubereitete Essen. »Ich bin Esau«, sagt er. »Vater, hier ist dein Fleisch.« Isaak schnappt verblüfft nach Luft. »Aber wer hat mir denn eben das Fleisch gebracht? Ich habe bereits gegessen und demjenigen den Segen gegeben, und er wird gesegnet sein.«

Isaak beginnt zu zittern, als Esau, dem mittlerweile aufgegangen ist, dass er betrogen wurde, seinen Vater anschreit, beinahe als hätte der alte Mann es nicht begriffen. »Nein, Vater, ich bin es. Ich bin Esau, der Erstgeborene. Und ich bin hier, um den Segen zu empfangen.«

Isaak erklärt ihm erneut, dass er den Segen bereits gesprochen und für Esau keinen Segen mehr hat. Esau stößt einen lauten und verbitterten Schrei aus. Dreimal fleht er seinen Vater an, und schließlich ruft er in tiefer Verzweiflung und mit dem Gefühl, ungerecht behandelt worden zu sein: »Vater, hast du denn keinen Segen für mich aufgespart?« Isaak wiederholt, was er bereits erklärt hat. Es ist sein letztes Wort. »Ich habe den Segen deinem Bruder gegeben. Für dich habe ich keinen Segen mehr. Es ist vorbei.« Und er fügt noch hinzu: »Für den Rest deines Lebens wirst du zu den Füßen deines Bruders knien.«

Esau beginnt haltlos zu weinen. Er verlässt das Zelt seines Vaters. Bitterkeit ballt sich in seinem Inneren zusammen, und er schreit mit lauter Stimme, dass es im ganzen Dorf zu hören ist: »Dieser Lügner! Er hat mir mein Geburtsrecht gestohlen und jetzt auch noch meinen Segen. Wo ist mein Bruder? Wenn ich ihn finde, werde ich ihn töten!« Doch Jakob ist auf Drängen seiner Mutter geflohen. Dies sind die letzten Worte, die er hört, als er das Dorf verlässt. Wir treffen Esau erst wieder, als sich die Brüder Jahre später wieder begegnen. Sie sind erbitterte Feinde geworden.

Nehmen wir uns ein wenig Zeit, um über dieses Ereignis nachzudenken und uns in die Lage eines jeden Mitglieds dieser Familie zu versetzen.

Rebekka weiß, dass dies die Erfüllung der Prophezeiung ist, doch gleichzeitig wird sie innerlich schrecklich zerrissen sein.

Sie hat ihrem Sohn geholfen, ihren Mann zu täuschen, und jetzt hört sie die letzten Atemzüge eines sterbenden Mannes und den zornigen Schrei ihres Sohnes, dass er ihren geliebten Jüngsten töten wird. Man kann sich kaum vorstellen, welcher Aufruhr in ihr getobt haben muss: die Schuldgefühle, die Fragen, die Angst. Rebekka wird im weiteren Verlauf der Geschichte nicht wieder erwähnt. Sie wird Jakob nie wieder sehen. Sie wird sterben und eine zerrüttete Familie zurücklassen. Ich stelle mir vor, dass sie sich in ihren letzten Tagen immer wieder die Frage nach dem Warum gestellt und keine Antwort bekommen hat. Warum ich? Warum wir? Warum, Gott?

Isaak ist so alt, dass er keine Kraft mehr hat, sich von seinem Lager zu erheben. Er kann nicht mehr sehen. Der Sohn, den er so sehr liebt, hat verbittert und zornig das Zelt verlassen. Drei Mal musste er ihm sagen, dass er keinen Segen mehr für ihn habe. Der andere Sohn, sein eigen Fleisch und Blut, hat ihn getäuscht und befindet sich jetzt auf der Flucht. Wenn die beiden sich je wieder begegnen sollten, kann er sich vorstellen, was passieren wird. Seine Frau hat bei dem Betrug mitgeholfen, wobei unklar bleibt, ob und wann Isaak das jemals realisiert hat. In seinen letzten Lebenstagen ist seine Familie ins Chaos gestürzt und zutiefst zerrüttet. Alles ist verloren; alle, die er geliebt hatte, sind für ihn verloren. Er ist verwirrt, gebrechlich und am Boden zerstört. Warum ich? Warum wir? Warum, Gott?

Esau laufen Tränen des Schmerzes und der Enttäuschung über das Gesicht. Er ist betrogen worden. Seine Gefühle verwandeln sich in Frustration und Zorn. Was habe ich getan? Womit habe ich das verdient? Diese Frage hat er bestimmt immer und immer wieder gestellt. Seine Mutter hat sich mit seinem Bruder verbündet, um ihn zu betrügen, und die letzten Worte seines Vaters lauteten, dass er, das unschuldige Opfer dieser Ungerechtigkeit, ausgerechnet der Person dienen wird, die schuld ist an dieser Situation. Innerlich und äußerlich schreit er nach Rache für diesen Verlust seiner Ehre. In diesem Text aus der Bibel ist eine tiefe Ironie zu finden. Wir erfahren nur wenig darüber, was Esau in den fast 25 Jahren, die auf dieses Ereignis folgen, erlebt. Wir erfahren nichts über sein Leben und seine Erlebnisse. Die einzige Person, die in dieser Geschichte vielleicht ein gewisses Maß an Unschuld vorweist, erleidet das größte Unrecht. Aber wir bekommen einen Einblick in seine Welt. Wir können uns nur ausmalen, dass an jenem Tag, an dem alles auseinanderbrach, seine Fragen die folgenden waren: Warum ich? Warum, Gott?

Jakob ist auf der Flucht. Er konnte nur hastig ein paar Sachen zusammenpacken, und jetzt läuft er davon in ein unbekanntes Land, wo er ein Fremder sein wird. Sein Herz klopft bestimmt zum Zerspringen. In seinem Kopf wirbeln Fragen herum: Was habe ich getan? Er ist verwirrt, zutiefst erschüttert, doch im Augenblick ist sein einziger Gedanke, so weit wie möglich von seinem Bruder fortzukommen. Er kennt den Zorn und die Kraft Esaus. Wenn er nicht flieht, wird er sicherlich sterben. Nachdem er fortgegangen ist, wird Jakob seine Mutter und seinen Vater nie wieder sehen. Diese wenigen Minuten der Täuschung waren das Letzte, was er mit ihnen erlebt hatte. Warum ich? Wohin soll ich gehen? Warum, Gott?

Die Abwendung

Wir finden hier mehrere Schlüsselelemente im Zusammenhang mit Versöhnung. Esau wurde betrogen und seiner Rechte beraubt. Und nicht nur das, sein Vater sagt dann auch noch zu ihm: »Du wirst deinem Bruder dienen.« Der vielleicht schwierigste Aspekt der Versöhnung steht im Zusammenhang mit einer erlebten Demütigung. In dieser Geschichte erfahren wir nicht, wie Esau das Trauma, den Schmerz und Verlust überwand. Wenn ich mich in Esaus Lage versetze, kann ich mir nur schwer vorstellen, wie er das geschafft hat.

In meiner Erfahrung hinterlässt eine *Demütigung* – eine erlebte Respektlosigkeit und Ausgrenzung ohne die authentische Anerkennung des erlittenen Unrechts – tiefe persönliche und gesellschaftliche Narben. Doch in dieser Geschichte erfahren wir kaum etwas über Esaus persönliche Reise durch dieses Erlebnis. Als wir ihm viele Jahre später wieder begegnen, haben wir das Gefühl, dass er seinen Weg möglicherweise gefunden hat. Immerhin sehen wir ihn in Begleitung einer großen Reiterschar. Aber wenn wir die menschliche Erfahrung tiefer Demütigung und dieses Leides ernst nehmen, müssen wir uns darum bemühen, Wege zu finden, die Würde wieder herzustellen. Häufig beginnt dies mit dem Eingeständnis der Schuld, was in dieser Geschichte nicht geschieht. Mit dieser Frage der Würde und des Eingeständnisses werden wir uns in späteren Kapiteln noch beschäftigen, vor allem, wenn wir sehen, wie Jesus in seinen Beziehungen mit Menschen umgeht, sie berührt, sie wieder sichtbar macht, ihre Menschlichkeit achtet – mit anderen Worten: ihre fundamentale Würde als Menschen wieder herstellt.

Bei Jakob finden wir ein hochinteressantes Bild des Konflikts. Jakob hat einen großen Teil dieses Leids verursacht. Aus dem Text erfahren wir nicht, ob seine Reue sofort einsetzte. Wir wissen allerdings, dass eine sehr starke Reaktion auf dieses Ereignis folgt, sodass er um sein Leben bangen muss. Er läuft davon. Er wendet sich von seinem Bruder und seiner Familie ab. Er wendet sich von dem Konflikt ab. Das ist häufig so. Wir neigen dazu, uns physisch und emotional von der Quelle des Schmerzes und der Angst zu entfernen.

Als Mediator bin ich bemüht, Menschen Mut zu machen, wieder zum Gespräch zurückzufinden. Aber diese Geschichte wirft einige bestürzende Fragen auf: Ist es tatsächlich nötig, dass er sich von dem Schmerz entfernt – eine räumliche und zeitliche Distanz schafft zu der Quelle des Schmerzes? Was ist nötig, wenn Menschen Distanz zueinander brauchen? Wie lange sollte man an dieser räumlichen Distanz und der emotionalen Kluft festhalten?

Hinweise hierauf werden wir in den folgenden Abschnitten der Geschichte finden, aber wir sollten nicht außer Acht lassen, dass diese Abwendung, diese Suche nach räumlicher Distanz, in dem Prozess der Versöhnung eine wichtige Rolle spielt. Und wir müssen erkennen, dass es genauso schädlich ist, einen Menschen in Beziehungen und Bindungen zu drängen, häufig unter dem Deckmantel geistlicher Verpflichtung, ohne diesen Schritt angemessen vorzubereiten.

Die Zuwendung

Lange Zeit leben die Brüder voneinander getrennt: fast 25 Jahre. Es gibt keine Kommunikation zwischen ihnen. Jakob findet im Land seines Onkels neuen Wohlstand und eine Familie. Zum ersten Mal in seinem Leben erlebt er selbst Täuschung. Er muss zusätzliche Jahre arbeiten, um die Hand der Frau zu bekommen, die er heiraten möchte, und er muss sich dem Konflikt zuwenden, der sich in der Familie seines Onkels aufbaut. In dieser für ihn unruhigen Zeit spricht Gott zu ihm. »Geh zurück ins Land deines Vaters. Ich werde bei dir sein.«

Und Jakob macht eine Kehrtwende und bricht auf ins Land Seir. Er wendet sich Esau wieder zu.

In diesen Abschnitten aus Genesis 31 und 32 begegnen uns zwei bemerkenswerte Elemente. Jedes von ihnen stellt wichtige Fragen. Doch eine zufriedenstellende Antwort darauf bekommen wir nicht. *Erstens:* Auf dieser Reise zur Versöhnung vollzieht Jakob eine Kehrtwende. Er bewegt sich nicht mehr fort von Esau, dem ihm entfremdeten Bruder und seinem eingeschworenen Feind, sondern wendet sich ihm zu. Sein Gesicht ist seinem Feind und dem Konflikt zugewandt. Was macht eine solche Kehrtwende möglich? Seit mehr als 30 Jahren arbeite ich in der

Konfliktbewältigung – manchmal zwischen Familien, manchmal zwischen Todfeinden, die Gewalt erlebt haben. Ich bin zu der Erkenntnis gelangt, dass diese »Kehrtwende« zu dem anderen hin eine der wichtigsten und schwierigsten Entscheidungen des Menschen ist. Sie darf nicht erzwungen werden oder aus einem Pflichtbewusstsein heraus geschehen. Dann wird es nicht gelingen. Eine Person muss sich dafür entscheiden, wenn die Voraussetzungen dazu geschaffen wurden. Doch mit der Kehrtwende allein ist der Weg zur Versöhnung noch nicht bewältigt. Trennung und Distanz sind nach wie vor vorhanden.

Zweitens: Diese Worte Gottes an Jakob beeindrucken mich: »Geh. Ich werde mit dir sein.« In der Bibel finden wir eine Fülle von anderen Beispielen, wo Gottes Volk aufgefordert wird, sich im Glauben auf den Weg zu machen. Gott gibt ihnen sein Wort, dass er bei ihnen sein wird, und verspricht ihnen, dass sie keine Angst zu haben brauchen. Sie bekommen die Zusage, dass der »Weg vorbereitet sein wird« – mit anderen Worten: dass Gott vor dem Volk hergehen oder zu seiner Rettung kommen wird. Hier, in dem hoch belasteten Konflikt zwischen den verfeindeten Brüdern, verspricht Gott, bei Jakob zu sein. Dies gibt uns einen faszinierenden Einblick in ein sehr hintergründiges Konzept: Versöhnung geschieht nicht durch einen Stellvertreter, kann aber durch Zeugen und Begleitung unterstützt werden.

Jakob tritt seine Heimreise an. Doch er hat Angst, denn schon bald wird er seinem Bruder gegenübertreten müssen. Er schickt einige seiner Männer aus, die sich nach seinem Bruder erkundigen und ihn wissen lassen sollen, dass Jakob auf dem Weg zu ihm ist und dass er hofft, Gunst in Esaus Augen zu finden. Sie kehren mit schlechten Neuigkeiten zurück: Esau kommt ihm mit einer großen Reiterschar entgegen. Tief betrübt, teilt Jakob seine Leute auf. Er schickt Männer voraus mit Geschenken für seinen Bruder in der Hoffnung, dass diese Geste Esau friedlich stimmen möge. Dann wirft er sich voller Angst zu Boden und schreit zu Gott: »Rette mich vor der Hand meines Bruders, vor der Hand Esaus, denn ich habe Angst vor ihm. Er könnte uns alle töten, die Mütter mit den Kindern.«

Wir können dieses tiefe menschliche Gefühl der Unsicherheit und Angst nicht herunterspielen. Diese Versöhnungsreise ist für Jakob mit Risiken behaftet. Ihm ist klar, dass er keine Kontrolle darüber hat, was passieren könnte. Er muss dem Bruder, dem er Leid zugefügt, den er betrogen hat und der geschworen hat, ihn zu töten, gegenübertreten. Achten Sie hier erneut auf die Bewegung, die dieser Zwiespältigkeit und Angst entspringt. Jakob macht sich auf den Weg, und wie in der Vergangenheit hofft er, beschwichtigen, sich irgendwie aus dem Dilemma herausmanövrieren zu können. Aber das geht nicht. Er beginnt an der Reise zu zweifeln, die er angetreten hat, und erfleht von Gott Bewahrung und Befreiung. Auf dieser Reise begegnet uns ein häufiges Merkmal von Versöhnungsprozessen: Jakob macht sich auf den Weg, beginnt zu zweifeln, als er die Schwierigkeit und seine große Verletzlichkeit erkennt, und wendet sich um und ab – um dann die Reise auf seinen Bruder zu fortzusetzen. Es ist keine geradlinige Bewegung. Versöhnung ist niemals eine gerade Linie von A nach B. Anfechtungen von außen und innere Unsicherheit gehören dazu.

Die Begegnung

Am Abend vor der Begegnung mit seinem Bruder kommt Jakob an eine Furt im Fluss. Er schickt seine Familie und alle seine Knechte mit seinem gesamten Besitz voraus. Sie sollen den Fluss überqueren. Er selbst bleibt allein zurück. In der Nacht kommt ein Mann und ringt mit ihm bis zum Tagesanbruch. Als der Mann Jakob nicht überwältigen kann, schlägt er seine Hüfte aus dem Gelenk und fordert, losgelassen zu werden. Doch Jakob will ihn nicht loslassen, bis er ihn gesegnet hat. Der

Mann sagt: »Du hast mit Gott und mit Menschen gekämpft und den Sieg davongetragen.« Morgens baut Jakob einen Altar als Erinnerung an den Ort, wo »ich Gott von Angesicht zu Angesicht gesehen habe«.

Anschließend überquert Jakob den Fluss, steigt auf die Anhöhe und stellt sich vor seine Frauen, Kinder und Knechte. Auf der anderen Seite des Plateaus entdeckt er seinen Bruder Esau, der ihm in Begleitung einer großen Reiterschar entgegen kommt. Jakob kniet nieder und verbeugt sich sieben Mal vor seinem Bruder. Doch Esau springt von seinem Pferd, als er seinen Bruder entdeckt, und hilft ihm auf. Sie umarmen sich, küssen sich und weinen.

»Warum hast du mir alle diese Geschenke geschickt?«, fragt Esau. »Ich wollte deine Gunst erringen«, erwidert Jakob. »Mein Besitz ist groß«, verkündet Esau. »Nein, bitte ... nimm mein Geschenk an«, bittet Jakob, »denn dein Gesicht zu sehen, ist wahrlich, als würde ich das Angesicht Gottes sehen.«

Die Brüder bleiben nur kurz zusammen. Dann entscheidet sich jeder von ihnen für ein anderes Tal. Sie trennen sich und werden sich nie wieder sehen.

Wir spüren die starken Emotionen der beiden Brüder bei diesem Wiedersehen nach mehr als 20 Jahren. Wir hören uns sagen: »Das ist Versöhnung! Wir haben auf die Umarmung gewartet, und da ist sie. Das ist das Zeichen der ernst gemeinten Versöhnung.« Ja, die Umarmung ist aufrichtig gemeint, die Brüder treffen sich mit dem Wunsch nach Versöhnung. Aber in diesen wenigen Versen, die das Kapitel 33 von Genesis beschließen, bleibt auch vieles ungesagt.

Mit wem genau hat Jakob denn in der vorhergehenden Nacht gekämpft? Wir könnten zu Recht vermuten, dass er in jener langen Nacht mit sich selbst gerungen hat, mit seiner Vergangenheit, seinen Pflichten, seinen Betrügereien. Am nächsten Morgen versteckt er sich nicht hinter seiner Familie und seinen Knechten; er geht ihnen voraus. Er versucht nicht, seinen Bruder zu umgarnen oder sich auf eine Stufe mit ihm zu stellen, sondern wirft sich vor ihm zu Boden. Wir könnten zu Recht annehmen, dass er sich in seiner schlaflosen Nacht seinen Bruder, seinen Feind, vorstellt und feststellt, dass er mit dem Tod ringt. Wochenlang hat ihn die Angst vor der Begegnung mit seinem Bruder gequält. Er hat sich Sorgen gemacht. Wir alle wissen, wie uns das Bild des anderen im Schlaf verfolgen kann. Der »Mann« sagte ganz richtig, dass Jakob mit Menschen gerungen hat. Und wenn wir im Text weiterlesen, könnten wir zu Recht annehmen, dass Jakob mit Gott ringt. Uns fällt es schwer, uns vorzustellen, dass wir mit Gott ringen, aber hier ist das so. Dasselbe Phänomen finden wir bei vielen großen Helden der Bibel. Sie kämpfen mit Gott.

Alle drei Begegnungen sind Begegnungen auf dem Weg zur Versöhnung: Die Begegnung mit dem Ich, mit dem anderen und mit Gott. Wir sollten die Bedeutung und die Herausforderung dieser Begegnungen nicht unterschätzen.

Der für mich fesselndste Aspekt dieser Geschichte ist, dass das Angesicht Gottes erwähnt wird. Jakob baut einen Altar zur Erinnerung daran, dass er das Angesicht Gottes gesehen hat und am Leben geblieben ist. Nur wenige Stunden später blickt er in das Gesicht seines Bruders und Feindes und entdeckt darin das Angesicht Gottes. Wie unglaublich schwer fällt es uns, inmitten tiefer und bedrohlicher Konflikte das Angesicht Gottes zu sehen, nicht bei denen, die uns lieben, sondern bei unseren Feinden! Was versetzt uns in die Lage, das Angesicht Gottes sogar in einem Feind zu sehen?

Die Umarmung

Die Umarmung ist für viele von uns natürlich eine Geste der Versöhnung. Doch ist Ihnen aufgefallen, dass zwei Dinge fehlen? Weder Jakob noch Esau sprechen von oder bitten um Versöhnung. Reicht es aus, dass Jakob seine Reue zeigt, indem er sich hinkniet? Reicht es aus, dass Esau ihm vom Boden aufhilft? Wie geschieht die Bestätigung? Wir kennen Esaus Geschichte nicht, darum bleiben Fragen unbeantwortet: Wie kommt ein Mann, der so verbittert und zornig auf seinen Bruder war, dazu, dass er den Menschen, der ihn belogen und ihm alles gestohlen hat, umarmen kann? Wie ist Esau, dem Opfer, diese Kehrtwende gelungen? Esau hat in seinem Leben etwas erreicht, das ist offensichtlich, denn er kommt in Begleitung von 400 Männern. Was wäre geschehen, wenn der Betrug ihn mittellos gemacht und ihn isoliert hätte, wie es so oft auf der Welt geschieht? Und was, wenn Jakob nicht beschlossen hätte, niederzuknien und um Esaus Gunst zu bitten? Hätte Esau dann auch so reagiert? Warum war er mit 400 Männern gekommen?

Und noch zu unserem Bild von Versöhnung: Hätten Jakob und Esau nach der Umarmung nicht fröhlich zusammenleben müssen bis an ihr Lebensende? Wie erklären wir uns, dass die beiden Brüder beschlossen, sich wieder zu trennen?

Versöhnung als Reise

Diese Geschichte ermöglicht uns, uns mit einigen Eigenschaften und Merkmalen eines zwischenmenschlichen Konflikts auseinanderzusetzen und zu überlegen, welche Herausforderung eine Versöhnung darstellt. Die Geschichte hilft uns auch, Fragen herauszufiltern, die, ob es uns nun gefällt oder nicht, auf dem Weg der Versöhnung häufig gestellt werden. Wir wollen uns als Ausgangspunkt mit einigen dieser Eigenschaften beschäftigen, um uns das Wesen der Versöhnung zu erschließen.

Die in der Geschichte von Esau und Jakob vorherrschende Metapher ist die einer Reise. Versöhnung bedeutet, sich auf eine *Reise* zu begeben. Diese Reise weist einige paradoxe Merkmale auf. Bei der ersten Reise trennen sich die Brüder. Sie bewegen sich voneinander fort. Jakobs Motivation für diese Reise der Trennung sind Angst und vielleicht überwältigende Schuldgefühle, denen er sich nicht stellen kann. Esau ist getrieben von Bitterkeit und Hass, die auf das ihm geschehene Unrecht zurückzuführen sind. Am Ende ist Versöhnung eine Reise *zum* und *durch* den Konflikt. In diesem Fall verspricht Gott Jakob nicht, ihm die Arbeit abzunehmen, sich um alles zu kümmern und ihm den Weg leicht zu machen. Gott verspricht ihm nur, bei ihm zu sein, da zu sein.

Versöhnung als Begegnung

Diese Reise durch den Konflikt tritt man nicht leichtfertig an, und sie ist sehr anstrengend. In den Begegnungen erkennen wir Schmerz und Qual. Versöhnung stellen wir uns gemeinhin als eine einzige Begegnung vor, die an den Zeitpunkt gebunden ist, wo sich Feinde von Angesicht zu Angesicht gegenübertreten. Doch in der Geschichte von Esau und Jakob gibt es während dieser Reise mindestens drei Begegnungen. Was geschieht, lässt sich nicht in einer einzigen Begegnung zusammenfassen, und es geschieht auch niemals einmalig und ist dann vorbei.

Wir werden feststellen, dass Gott auf dieser Reise hin zur Versöhnung von Anfang bis Ende gegenwärtig ist, in den Tiefen der Angst, in der Hoffnungslosigkeit der dunklen Nächte, in den Tränen der Wiedervereinigung. Wir gewinnen verblüffende Erkenntnisse, erleben entscheidende Augenblicke, die zeigen, wohin wir gehen und wie wir uns in unseren Beziehungen weiterentwickeln. Auf dem Weg durch den Konflikt zur Versöhnung finden wir eine Fülle von Gottes-Begegnungen, wenn wir Augen haben, zu sehen, und Ohren, zu hören, und ein Herz, das dafür empfänglich ist.

Versöhnung als Ort

Die Reise führt an einen Zielort. In der Geschichte von Esau und Jakob ist dieser Ort eine von Herzen kommende Wiedervereinigung. Manchmal halten wir eine solche Wiedervereinigung für die beste Lösung, den Endpunkt. Aber wir müssen begreifen, dass es auf dieser Reise noch viele andere Stationen gibt. Jede der wichtigen Begegnungen – mit sich selbst, mit dem Feind und mit Gott – wird durch einen Ort markiert. *Ein Ort* ist ein bestimmter Zeitpunkt und Raum, wo bestimmte Dinge auf der Reise zusammenkommen. In der Geschichte von Esau und Jakob werden diese Orte markiert, sie bekommen einen Namen und werden erinnert. An diesen Orten sind Menschen ihren Feinden gegenübergetreten, Gott ist Menschen begegnet, und Einzelne haben sich kritisch hinterfragt und ein neues Bewusstsein gewonnen. Und auch hier wieder ist das außergewöhnlich vielschichtige Wesen der Versöhnung zu erkennen: Sie ist der Ort, den wir zu erreichen versuchen, die Reise, die wir auf uns nehmen, um dorthin zu gelangen, und die Begegnungen, die wir unterwegs erleben. Versöhnung macht es nötig, solche Dinge um und in uns wahrzunehmen und zu benennen.

Aus der Geschichte von Esau und Jakob bleiben uns die Denkmäler, die schwierige Reise zwischen ihnen und die heilige Qualität der Begegnung. Versöhnung ist eine Reise, eine Begegnung und ein Ort. Gott fordert uns auf, diese Reise durch den Konflikt anzutreten, der markiert ist durch Orte, an denen wir das Angesicht Gottes sehen, das Angesicht des Feindes und unser eigenes Angesicht.

Impulse zur Vertiefung und Reflexion

Würde erweisen

- Praktizieren Sie die Kunst des tugendhaften Klatsches: Weigern Sie sich, schlecht über andere zu reden. Sprechen Sie stattdessen nur über die Tugenden anderer. Fangen Sie an einem Tag an und sehen Sie zu, ob dies nicht zu einer

Gewohnheit werden kann. Achten Sie darauf, wie Gott Ihre Perspektive verändert und sich durch diese Übung Ihre »Wahrheit« über den anderen verändert.

- Nehmen Sie sich vor, jeder Person, der Sie heute begegnen, in die Augen zu sehen (dem Partner, den Kindern, der Bedienung, dem obdachlosen Nächsten, dem Kollegen, etc.) und achten Sie darauf, was diese Übung in Ihnen auslöst.

Versöhnung als eine Reise

- Zählen Sie auf, mit welcher anderen Person oder Gruppe Sie gerade einen ähnlichen Konflikt erleben wie Jakob und Esau: das Abwenden, das Zuwenden, die Begegnung oder die Umarmung.
- Stellen Sie sich vor, wie die Umarmung und das Leben nach der Umarmung aussehen könnten. Schreiben Sie Ihre Gedanken dazu auf.
- Setzen Sie die Zuwendung in Gang, indem Sie sich Ihren eigenen Anteil an dem Konflikt eingestehen.
- Streben Sie voller Demut und Neugier Versöhnungsgespräche an, geleitet nicht von dem Wunsch, verstanden zu werden, sondern den anderen zu verstehen.
- Wo Vergebung nötig ist, seien Sie der Erste, der sie erbittet. Wo Vergebung gewährt werden muss, tun Sie es mit Nachsicht. Wo Vergebung unmöglich erscheint, suchen Sie Mediation.
- Schaffen Sie nach der Umarmung gesunde Kommunikationskanäle und halten Sie in einem gesunden Abstand Kontakt, um die Beziehung zu festigen.

KAPITEL 3

Die Kunst der Versöhnung: *Jesus*

WENN ES UM VERSÖHNUNG GEHT, neigen wir dazu, nach den Schritten, dem Muster, dem Prozess, dem Handwerkszeug und den Techniken zu fragen, ob wir nun persönlich in den Konflikt verwickelt sind oder anderen, die tief in einem Konflikt stecken, unsere Hilfe anbieten.

Doch wenn wir uns das Leben Jesu ansehen, dann sind Fragen nach der Methode oder den Techniken nicht unbedingt der beste Ausgangspunkt. Sein Wirken auf dieser Erde orientierte sich nicht an vorgegebenen Rezepten, der Meinung anderer oder dem Gesetz. Jesu Dienst wurzelte in der Gnade, die sich in erster Linie durch die *Qualität seiner Präsenz* ausdrückte: die Art, wie er anwesend war, in Beziehungen und der Gesellschaft anderer, selbst derer, die ihm schaden wollten.

Die Reise in die Versöhnung setzt voraus, dass wir uns mit dieser Frage des Anwesendseins auseinandersetzen. Auch wenn wir uns in den folgenden Kapiteln mit Jesu Lehre und bestimmten Beispielen aus Prozessen, die wir in der frühen christlichen Gemeinde und bei den Aposteln finden, beschäftigen werden, wollen wir hier über den Inhalt und die angewandten Ansätze hinaus sehen. Dieses Kapitel lädt uns ein, zu erforschen, was es bedeutet, die versöhnende Liebe Gottes – die sich im Fleisch gewordenen Wort, der Person Jesu, zeigt – in unserem Alltag zu leben. Diese Suche beginnt mit einer einfachen Aussage: Um Versöhnung zu erreichen, *müssen wir Mitgefühl leben.*

Jesus und die Kunst des Präsentseins

Bei zahlreichen Gelegenheiten wurde Jesus mit Fragen zu seinen Lehren konfrontiert. Es wundert mich, dass Menschen, die unmittelbar miterlebten, wie Jesus lebte, sich auf andere einließ und ihnen diente, ganz bestimmte Worte hören mussten, um sicher zu sein, dass Jesus bestimmte Dinge auch korrekt wiedergab. Ihnen schien es eher darum zu gehen, ihn auf die Probe zu stellen, als ihn richtig zu verstehen. Die Antworten verwirrten die Zuhörenden. In vieler Hinsicht stimmen Jesu Antworten mit der Art seiner Präsenz überein. Er verwendete einfache Worte mit großer Wirkung, die über die oberflächlichen Fragen hinausgingen und die tieferen Auslöser dieser Fragen berührten.

Besonders eine Frage schien darauf ausgerichtet zu sein, ihm eine Falle zu stellen und ihm eine dogmatische Aussage zu entlocken, die gegen ihn verwendet werden konnte: »Lehrer, welches ist das wichtigste Gebot im Gesetz Gottes?« (Matthäus 22,36, *Hoffnung für alle*). Die Formulierung der Frage fasziniert insofern, als sie darauf ausgerichtet war, ewiges Leben sicher zu stellen, und sich auf das ganze Gesetz und die Lehren bezog. Sie suggeriert natürlich eine enorme Komplexität.

Doch die Antwort war schlicht und dem Fragesteller bereits bekannt und im Deuteronomium nachzulesen; es war das, was der Dichter Oliver Wendell Holmes »Einfachheit als Kehrseite der Vielschichtigkeit« nannte. Die Einfachheit, die wir im Matthäusevangelium und auch im Lukasevangelium finden, begegnet uns in der Form eines Haikus,[2] wenn auch selten als solches geschrieben. Stellen Sie sich die Antwort in dieser Form vor – wobei die zweite Zeile dem entspricht, was der Theologe Marcus Borg mit der *Fülle der Liebe* meint: Das Wesen der Liebe, die den ganzen Menschen umfasst, wie Jesus sie uns vorgelebt hat.[3]

Liebe und Mitgefühl stehen im Mittelpunkt. Voraussetzung dafür ist volle Hingabe. Sie entspringen im Herzen und im Bauch. Sie arbeiten sich hoch und steigen auf in die Seele. Sie füllen den Geist und richten ihn neu aus. In diesen wenigen Worten finden wir eine außergewöhnliche Beschreibung von *Präsenz:* Ich bringe die ganze Person in den gegenwärtigen Augenblick ein, in Dankbarkeit der Quelle, dem Schöpfer des Lebens, gegenüber. Die Worte, die Jesus gewählt hat, waren nicht seine Worte. Er zitierte aus dem Deuteronomium (5. Mose 6,5). Diese alten Worte werden nur dann mit Leben gefüllt, wenn sie jeden Tag erneuert werden. Jesus fügt noch hinzu, dass diese Qualität der Liebe ein außergewöhnliches Geheimnis schafft, was denjenigen, der diese Frage stellte, sehr verblüffte. Die Liebe von *Gott – Nächster – Selbst*, die »Drillinge« der Präsenz genannt werden

---

Nach Matthäus 22,37 und Lukas 6,36

Love your God with all
Heart, soul, and mind, and love your
Neighbor as yourself

Be compassionate
As your God, the creator
Is compassionate

Liebe den Herrn mit
Herz, Seele, Verstand, und den
Nächsten wie dich selbst

Seid voll Mitgefühl,
Wie auch Gott, euer Vater,
Voll Mitgefühl ist

---

2 Ein Haiku besteht aus drei Zeilen mit 5/7/5 Silben.

3 Marcus Borg: *Meeting Jesus Again for the First Time – The Historical Jesus and the Heart of Contemporary Faith*, HarperOne, New York 1995, S. 47.

könnte, bildet ein nahtloses Gefüge hingebungsvoller Liebe und beinhaltet die ganze Lehre.

Versöhnung beginnt mit einer Form des Präsentseins, die Mitgefühl zur Folge hat. Die Frage, auf die ich mich jetzt konzentrieren möchte, lautet: Wie hat Jesus Mitgefühl verkörpert?

Darüber könnte man ein ganzes Buch schreiben, wenn nicht sogar mehrere. Doch für unseren Zweck hier möchte ich drei *grundlegende Versöhnungskompetenzen* vorschlagen: Eigenschaften, die Jesus in seinem Leben als Mensch hier auf der Erde verkörperte.

Liebe deinen Nächsten: Menschlichkeit wahrnehmen

Jesu Art zu leben war so, dass er sich ununterbrochen des Heiligen um sich herum bewusst war. Und er besaß die außerordentliche Fähigkeit, den Menschen zu sehen und das Göttliche in seinem Gegenüber wahrzunehmen. Wenn ich mir die Texte, in denen seine Gegenwart und sein Engagement beschrieben sind, etwas sorgfältiger ansehe, begegnet mir eine Person, die aufmerksam, bewusst und ganz in jedem einzelnen Augenblick lebte. Der Schlüssel zu seiner Präsenz lag in seiner Fähigkeit, die *Menschlichkeit anderer zu bemerken*, vor allem derer, die zu seiner Zeit unsichtbar und vernachlässigt waren. Wir könnten eine Reihe von Beispielen nennen. Einmal spürte er inmitten einer Menschenmenge die Energie eines Menschen, der einfach nur die Hand ausstreckte, um sein Gewand zu berühren. Ein anderes Mal sprach er den kleinen Mann auf dem Baum an oder nahm sich bei einer wichtigen Versammlung Zeit für die Kinder.

Jesu Antwort, in der er andeutete, dass die Fülle des Gesetzes vollendet sei in dem »Dreiklang der Präsenz« (Gott – Nächster – Selbst) kann uns helfen zu verstehen, dass Mitgefühl mit einer Zugewandtheit beginnt, die voraussetzt, dass man den anderen als Person wahrnimmt. Dieses Konzept ist so einfach, dass wir es viel zu oft als selbstverständlich hinnehmen. In Wahrheit glaube ich, dass dieser einfache Akt eine geistliche Übung ist. Es lohnt sich, sich intensiver damit auseinanderzusetzen.

Jesus interessierte sich nicht für Titel und Position der Menschen, denen er begegnete. Ihm war nicht der soziale Status oder das Äußere eines Menschen wichtig, auch nicht der äußere Ausdruck ihres Leidens (obwohl ihr Status und Zustand in vielen Fällen der Grund dafür waren, dass sie bei Jesus Hilfe suchten). Jesus nahm die Menschen ganz anders wahr. Bei einigen war es so, dass mangelnder Status, unbestreitbare ethnische oder religiöse Identität und gesellschaftliche und wirtschaftliche Bedingungen eine Unberührbarkeit und Unsichtbarkeit schufen, welche die soziale Situation bestimmten.

Jesus zeigte die kühne Neigung, die Maßstäbe dieser Festlegungen zu ignorieren. Mit seiner Art, wie er einen Menschen wahrnahm und ihm seine Aufmerksamkeit schenkte, bevor er seinen sozialen Status oder Zustand einschätzte, durchbrach er den Nebel der Unsichtbarkeit und den Mantel der Unberührbarkeit. Es war, als existierten diese äußeren Hüllen gar nicht. Jesus sah zuallererst *gewöhnliche Menschlichkeit*. Einfach ausgedrückt, er nahm einen Mitmenschen wahr. Er sah über die äußeren Erkennungszeichen hinweg auf den innewohnenden Wert des Menschen, den er mit ihm teilte, einen Wert, den er mit ihm gemein hatte, einen Wert, in dem ein gemeinsamer göttlicher Funke lebte. Er achtete auf den heiligen Wert des Menschseins und nahm ihn wahr.

Mitgefühls-Test

Kehren wir ganz kurz zur Geschichte von Jakob und Esau zurück. Jakob baut nach einem die ganze Nacht andauernden Kampf einen Altar zum Gedenken an den Augenblick, in dem er das Angesicht Gottes gesehen hat und am Leben geblieben ist. Am folgenden Tag, bei der Begegnung mit seinem verfeindeten Bruder wiederholt er diese Worte: »Ich sah dein Angesicht, als sähe ich das Angesicht Gottes« (Genesis 33,10). Im Mittelpunkt dieser Geschichte steht wieder unser Mitgefühls-Dreiklang. Ist es Ihnen aufgefallen? Die Begegnungen, die inmitten des Konflikts stattfanden und das Herzstück der Versöhnung bildeten, waren die Begegnung mit sich selbst, mit dem Nächsten und mit Gott.

Um die erstaunliche Präsenz Jesu und die geistliche Übung, Menschen um uns herum wahrzunehmen, besser zu verstehen, machen wir einen kleinen Mitgefühls-Test. Denken Sie zurück an die letzten drei Gelegenheiten, bei denen Sie von einem Obdachlosen oder Bettler angesprochen wurden. Können Sie sich an sein Gesicht erinnern? Ich stelle diese Frage, weil ich mich kenne, und wenn ich ganz ehrlich bin, zugeben muss, dass ich den Mitgefühls-Test nicht bestanden habe. Wenn ich in Eile bin, wenn ich ein wichtiges Gespräch mit einem Freund führe, wenn ich tief in Gedanken versunken bin und »merke«, dass eine Person auf mich zukommt, *wende ich meinen Blick von ihrem Gesicht ab*, wenn ich mich nicht auf sie einlassen möchte. Denn wenn ich ihr ins Gesicht sehe, empfinde ich das Bedürfnis, langsamer zu werden, stehen zu bleiben und mich auf sie einzulassen. Wenn ich das nicht möchte, schaue ich weg.

Ich sah dein Angesicht

Dieser Satz verdeutlicht die erste Versöhnungskompetenz, die wir bei Jesus finden. Er nimmt wahr und verschließt sich nicht vor dem Menschsein der Menschen um ihn herum. Eine kleine, letzte Bemerkung zur Versöhnung: Wenn wir in einem Konflikt stecken, geht es uns nicht besonders gut. Wir sind misstrauisch. Wir verurteilen. Wir sind nicht offen für alternative Deutungen. Wir sind nicht großzügig. Um ganz ehrlich zu sein: Es fällt uns nicht leicht, hinzusehen und noch einmal in das Gesicht des Menschen zu sehen, der uns unserer Meinung nach Unrecht getan hat oder uns Böses wünscht.

Anwesend, aber unsichtbar

1998 hatte ich in der Nähe von Pamplona in Spanien einen schlimmen Autounfall. Mit 140 Stundenkilometern prallten wir auf einen stehenden Lastwagen. Ich spürte, wie der Sicherheitsgurt in meine Brust und meinen Magen schnitt. In Sekundenschnelle machte sich ein bohrender Schmerz bemerkbar. Das Röntgenbild zeigte später, dass fast alle Rippen auf beiden Seiten meiner Brust gebrochen und geborsten waren. Ich konnte froh sein, dass ich überlebt hatte. Es dauerte eine Weile, bis ich ins Krankenhaus gebracht wurde, und auf dem Weg dorthin verlor ich immer wieder das Bewusstsein. Im Krankenhaus bekam ich eine hohe Dosis eines Schmerzmittels verabreicht, das ich nicht vertrug. Mir wurde schrecklich übel, und ich musste mich stundenlang übergeben, was in meinem Zustand die Schmerzen natürlich noch verstärkte.

Eineinhalb Tage später lag ich in der Nacht über Stunden hinweg reglos da. Jede Bewegung tat höllisch weh. Im Universitätskrankenhaus bekam ich eine erstklassige medizinische Versorgung, aber nachts war die Station unterbesetzt. Nur wenige Krankenschwestern und Pfleger hatten Dienst. Gegen zwei Uhr morgens verlor ich, da ich mich nicht bewegen und auch meinen Kopf nicht heben konnte – es gab keine Rufknöpfe, und die Nachtschwestern sahen in der Nacht auch nicht regelmäßig nach ihren Patienten –, die Kontrolle und beschmutzte mich auf eine Weise, die ich auf diesen Seiten nicht weiter ausführen möchte. Nacheinander kamen die diensthabenden Krankenschwestern ins Zimmer und suchten schnell wieder das Weite. Andere kamen und gingen. Nie habe ich mich so elend und weit unten gefühlt. Nie hatte ich es erlebt, so absolut unsichtbar zu sein.

Schließlich kam eine junge Pflegehelferin, um das Waschbecken im Badezimmer zu reinigen. Ich hatte sie schon einmal gesehen und miterlebt, wie man sie wegen eines Fehlers getadelt hatte. Sie schien am unteren Ende der Hackordnung zu stehen. Meine Stimme und die Lungen waren so geschädigt, dass ich kein einziges Wort über die Lippen brachte. Aus den Augenwinkeln heraus beobachtete ich, dass sie mich roch, auch wenn es mir peinlich ist, das einzugestehen. Sie trat an mein Bett, und ich erinnere mich noch, wie sie sich über mich beugte und mir in die Augen sah. »Kann ich helfen?«, fragte sie. Ich nickte. Ganz vorsichtig half sie mir aus dem Bett und ins Bad, wusch die bestimmt größte Sauerei, die Sie sich vorstellen können, ab. Nachdem sie mich mit warmem Wasser gebadet und das Bett frisch bezogen hatte, brachte sie mich wieder ins Bett, lächelte mich an und verließ das Zimmer.

Damals dachte ich und denke es noch heute, dass ich einem Engel begegnet war. Ich fühlte mich wieder wie ein Mensch. Bis zu dem Augenblick, als ich erlebte, wie es war, anwesend, aber vollkommen unsichtbar zu sein, hatte ich nicht in vollem Umfang verstanden, was Mitgefühl war. Es begann mit dem einfachen Akt, dass jemand mich als eine Person wahrnahm.

Jesus hatte die Fähigkeit, einen Menschen wahrzunehmen. In jeder Person sah er das Angesicht Gottes. Versöhnung beginnt, wenn wir unser gegenseitiges Menschsein wahrnehmen.

Liebe dich selbst: Selbstreflexion und Selbstfürsorge

Diese Versöhnungskompetenz ist von den drei genannten vielleicht am schwierigsten zu akzeptieren und zu praktizieren. Wir neigen dazu, Mitgefühl als etwas zu sehen, das wir weitergeben an andere, das heißt, in Form einer Präsenz oder eines Geschenks, die oder das wir einer anderen Person oder einer leidenden Welt anbieten. Auf diese Weise bleibt Mitgefühl ein Akt der Überlegenheit, etwas, das die Starken den Schwachen zukommen lassen. Selten bieten wir das Geschenk der mitfühlenden Gegenwart uns selbst an. Wir machen uns nicht bewusst, dass unser inneres Ich Geduld, Begleitung, Fürsorge und Reflexion braucht – unser ganzes Ich, einschließlich der Licht- und Schattenseiten.

Wenn wir ehrlich sind, werden sich viele von uns eingestehen, dass sie drei Neigungen haben. *Erstens:* Wir schenken unserer inneren Stimme keine Beachtung und handeln nicht nach dem, was sie uns sagt. *Zweitens:* Wir nehmen uns keine Zeit für Erneuerung und Selbstfürsorge, vergegenwärtigen sie uns bestenfalls sporadisch und mit einem schlechten Gewissen, weil wir das Gefühl haben, selbstsüchtig zu sein. Drittens, wir suchen Wertschätzung und Anerkennung von außen und schätzen unsere inneren Kriterien und Maßstäbe nicht als gleich wertvoll.

Doch die Authentizität dessen, was man sagt und was man ist, weist einen anderen Weg und geht sogar noch einen Schritt weiter. Die Fähigkeit, sich selbst anzunehmen und für sich zu sorgen, gepaart mit der Praxis der Selbstreflexion, fördert die Elemente, die notwendig sind für eine mitfühlende Präsenz. Diese Dinge sind irgendwie paradox: sich seines Selbstwertes bewusst zu sein, ohne egozentrisch zu sein. Oder die Fähigkeit zu besitzen, die eigenen Ängste, Reaktionen und das Bedürfnis nach Anerkennung zu akzeptieren, ohne diese Dinge unangemessen in das Leben und den Weg anderer eindringen zu lassen. Vielmehr stellen wir durchgängig fest, dass Selbstreflexion und Selbstfürsorge im täglichen Leben Jesu sehr präsent waren und dass er die faszinierende Reise von innen nach außen als einen bedeutsamen und herausfordernden Aspekt im Ausdruck seines Glaubens erlebte, genau wie wir. Wir wollen uns mehrere Begebenheiten unter dem Blickwinkel der Selbstreflexion und Selbstfürsorge ansehen.

Sich zurückziehen

Das erste und vielleicht offensichtlichste Beispiel sind die Gelegenheiten, bei denen Jesus sich ausdrücklich von anderen zurückzog. Er trat zurück, entfernte sich von seinem äußeren

Dienst und trat ein in einen Raum der Reflexion, der Stille und des Unterwegsseins – des Alleinseins. Wir können uns diese Auszeiten als »Zeiten in der Wüste« vorstellen. Sie bieten die Gelegenheit, wieder mit der tieferen inneren Stimme in Kontakt zu treten, jenem Geist der Berufung und Neubestimmung, und Zeit zu atmen, zu beten und zu reflektieren.

Mit anderen unterwegs sein

Ein zweites und vielleicht weniger offensichtliches Element ist, dass Jesus seinen Dienst tat, indem er gemeinsam mit anderen unterwegs war. Beim Unterwegssein redeten sie miteinander, nahmen alltägliche Probleme wahr und reagierten darauf. Im Markusevangelium zum Beispiel finden sich Dutzende Ausdrücke wie »am Weg« oder »während sie unterwegs waren«, die darauf schließen lassen.

In der heutigen Zeit sind wir der Meinung, Bildung fände im Innern eines Gebäudes oder in einem Klassenraum statt. Das ist ein moderner Ausdruck von *scholē*, dem griechischen Wort für eine »Zeit abseits«, von dem sich unser modernes Verständnis von Schule abgeleitet hat.

Zusammen mit anderen habe ich ein neues Masterprogramm zur Konflikttransformation entwickelt. Die Zertifizierung des Programms setzte voraus, dass wir uns einer Reihe von Nachfragen zu stellen hatten. Eine davon betraf einen Sommerkurs, in dem Praktikanten, die von ihren Betätigungsfeldern zurückkommen, an einem intensiven Seminarprogramm teilnehmen und ihre Arbeit dann im Fernstudium vervollständigen sollten. Der Zertifizierungsausschuss stellte die Frage, wie viele *Sitzstunden* im Klassenraum denn für die Studierenden vorgesehen seien. Die Mitglieder des Ausschusses betonten, diese Stundenzahl müsse mit dem Minimum an Semesterstunden übereinstimmen. Ich hatte den Begriff »Sitzstunden« noch nie zuvor gehört, aber er gewährte mir sofort einen außergewöhnlichen

Einblick in die moderne Bildung. Das Lernen der Studierenden und die Beherrschung eines Themas wurden in Zusammenhang gebracht mit der Anzahl der Stunden, die sie in einem Klassenraum verbrachten. Das erinnerte mich an meinen Großvater, der viele Jahre lang Pastor gewesen war. Hin und wieder machte er eine Bemerkung darüber, dass sein Berufsstand dazu neige, von der Kanzel zu dozieren: »Der Kopf kann nur aufnehmen, was das Hinterteil ertragen kann.«

Wenn wir uns die Gepflogenheiten der großen Lehrer ansehen, von den Griechen und Buddha über die persischen Dichter zu Gandhi, stoßen wir seltsamerweise fast überall darauf, dass sie ihre Lehre weitergaben, während sie zu Fuß unterwegs waren! Jesus ist das beste Beispiel dafür. Er und seine Jünger zogen meistens durch das Land, beobachteten, was um sie herum geschah, kümmerten sich um die Probleme und Schwierigkeiten im Leben der Menschen, nahmen das Sichtbare und Unsichtbare wahr und waren ständig im Gespräch. Wir spüren, dass Jesus selbst den Sinn seiner Aufgabe, die Richtung und die Bedeutung des Lebens im Unterwegssein umfassender begreift. Das stetige Auftauchen von Zeitfenstern, in denen Begegnung stattfinden konnte, schuf absichtlich eine bewusste Bewegung zwischen inneren und äußeren Welten – bei Jesus, seinen Jüngern und den Menschen, denen sie begegneten.

Fragen stellen

Jesus bat seine engsten Vertrauten oft, gemeinsam mit ihm zu überlegen, wer er war. Diese Fragen, zum Beispiel in Markus 8,29, wo er sagt: »Ihr aber, wer, sagt ihr, dass ich sei?«, werden häufig als ein Hilfsmittel des Meisters gedeutet, um seine Schüler zu bilden. Durch meine Lehrtätigkeit bin ich zu einer anderen Deutung gelangt. Meiner Meinung nach stellte Jesus nicht nur seinen Jüngern diese Frage, sondern auch sich selbst.

Authentisches, reflektierendes Feedback setzt einen ehrlichen Austausch voraus. Wenn wir uns nur mit denen unterhalten, die mit unserer Meinung übereinstimmen oder uns die Antwort geben, die wir hören möchten, anstatt uns zu einem tieferen Nachdenken anzuregen, dann hören wir nicht aufmerksam genug auf unsere innere Stimme oder übersehen, wie Gott zu uns spricht. Parker Palmer äußerte dies, als er schrieb, dass wir etwas sagen würden, hieße nicht gleichzeitig, dass wir um seine Bedeutung wüssten.[4] Zur Selbstreflexion gehört, dass wir tun, was wir bei einem wichtigen Gespräch von anderen erwarten: »Hör mich an!« Benedikt von Nursia schlägt vor, dass wir lernen müssen, »mit dem Ohr des Herzens zu hören und gegenwärtig zu sein«. Diese Eigenschaft prägte Jesu Dienst. Wenn wir lernen, reflektierend zuzuhören, werden wir beim Ausdrücken unserer Gefühle, Vorstellungen und Perspektiven überraschende Augenblicke des Hörens auf unsere innere Stimme und des Selbst-Verständnisses erleben.

Zusammengefasst: Selbstfürsorge und -reflexion dürfen nicht nur als Hilfsmittel für die eigentliche Arbeit verstanden werden. Sie sind Versöhnungsarbeit. Ganz offene und fokussierte Präsenz entsteht, wenn wir uns täglich in Eigenwahrnehmung, Reflexion und Fürsorge üben. Ob wir nun selbst mit einer zerbrochenen Beziehung zu kämpfen haben oder anderen Unterstützung bei einer emotionalen Trennung geben – unsere Fähigkeit, Sicherheit zu schaffen, Ehrlichkeit und Verletzlichkeit zu fördern und die Geduld aufzubringen zuzuhören, entstehen aus der Integrität unseres Wesens. Vor allem wenn wir es mit Missverständnis, Bedrohung und Zorn – unserem eigenen oder dem anderer– zu tun haben. Wenn wir uns aufmerksam mit dem heilenden Dienst Jesu auseinandersetzen, muss uns

4 Parker Palmer: *Let Your Life Speak – Listening for the Voice of Vocation*, Jossey-Bass, San Francisco 1999, S. 6.

auffallen, dass die Qualität seiner Präsenz zur Veränderung führt. Allein seine Gegenwart löst innere, geistliche und tief menschliche Erfahrungen aus.

Liebe Gott: Begleitung

Jesus bettete sein Leben in die Gemeinschaft hinein. Wie wir bereits festgestellt haben, lehrte er im Unterwegssein. Die Schreiber der Evangelien stellten wiederholt fest, dass Jüngerschaft durch das gemeinsame Unterwegs sein – an der Seite des Meisters – entstand. Der Ausdruck *»an der Seite gehen«* vermittelt uns einen dritten faszinierenden Aspekt der Versöhnungskompetenzen. Er zeigt uns ganz fundamental, wie Jesus durch seine alltäglichen Aufgaben die Liebe Gottes sichtbar machte.

Drei Versöhnungskompetenzen

1. Sich gegenseitige Menschlichkeit bewusst machen.
2. Selbst-Reflexion pflegen.
3. Begleitung durch verbindliche Freundschaft.

Durch eine einfache Frage wird dies deutlich: Wie liebe ich Gott, wenn die größte aller Lehren und der grundlegende Akt des Glaubens ist, »den Herrn, deinen Gott, zu lieben« (Matthäus 22,37)? Bei Jesus finden wir interessante Anhaltspunkte für eine mögliche Antwort, die sich in drei Punkten zusammenfassen lässt. *Erstens:* Durch Jesus entschied sich Gott, am Leiden teilzuhaben – an die Seite der Menschen zu treten. *Zweitens:* Jesus wollte der Freund der Menschen sein – manchmal lud er sie ein, sich ihm anzuschließen, manchmal schloss er sich ihnen an. Drittens, Jesus entschied sich, das Brot mit denen zu teilen, die nach den damaligen religiösen Standards eher auf Distanz gehalten wurden, oder mit denen, bei denen es Trennung und Konflikte gab. Sehen wir uns diese drei Punkte kurz näher an.

Leid teilen

In Kapitel 1 habe ich erklärt, dass ich ein neues Verständnis von der Liebe Gottes bekam, als das Leben meiner Tochter bedroht wurde. Es fiel mir schwer, mir vorzustellen, dass ein Vater oder eine Mutter für die Versöhnung nicht nur mit einem Freund, sondern sogar mit einem Feind, das eigene Kind aufgibt. Das ist geradezu unverantwortlich. Aber in der Geburt, dem Leben und Tod Jesu zeigt sich eine solche Liebe: Die Sorge um andere bis zu dem Punkt, dass das Kostbarste losgelassen wird. Im Johannesevangelium wird das »Fleisch«-Ansatz genannt – wenn Worte zu billig sind und etwas, das sich mit Worten nicht ausdrücken lässt, sichtbar werden muss. »Das Wort wird Fleisch und wohnt unter uns.« Das war Gottes Entscheidung: Er wollte einer von uns werden, an unsere Seite treten und an unserem Leben teilhaben, Mensch werden und das mit dem ausdrücklichen Wunsch, zu versöhnen und zu heilen, was zerbrochen ist. Jesus ist also ein lebendiges Beispiel für das Mitgefühl Gottes. Gott entschied sich, an unsere Seite zu treten, unser Leid und die Verletzlichkeit des menschlichen Lebens zu teilen.

Dieser Gedanke ist wichtig, wenn wir Versöhnung verstehen wollen. Versöhnung setzt die Bereitschaft voraus, das Angesicht Gottes in unserem Gegenüber zu sehen, uns in ihn hineinzuversetzen und die menschliche Erfahrung und den menschlichen Zustand nicht kontrollieren, sondern *an seiner Seite* stehen zu wollen. Wir haben das bei Jakob gesehen – die Aufforderung an ihn, sich allem, was ihm Angst machte, zuzuwenden und zu seinem Bruder zurückzugehen, ohne zu wissen, was geschehen würde. Und Gott versprach ihm nicht, dass alles gut werden oder er sich allem annehmen würde, noch bevor er bei ihm ankäme. Er versprach nur: »Ich werde *bei* dir sein.« Dies ist auch eine der wesentlichen Lehren des Propheten Micha. Einmal fragt der Prophet den Zuhörer, was von dem Gläubigen gefordert wird – und antwortet mit einer Synthese: »Gottes Wort halten und Liebe üben und demütig sein vor deinem Gott« (Micha 6,8). Und ich wiederhole noch einmal die Worte aus dem Johannesevangelium: »Und das Wort wurde Fleisch und *wohnte* unter uns« (Johannes 1,14). Bei dieser grundlegenden Versöhnungskompetenz setzt die Forderung, Gott zu lieben – die erste der drei – die Bereitschaft voraus, sich dem menschlichen Leid auszusetzen, bei anderen zu sein, wie Gott bei uns sein wollte.

Freundschaft schließen

Wenn wir uns das Leben Jesu ansehen, stellen wir fest, dass er *Freundschaften schließt*. Beispiele hierfür gibt es viele: mit Zachäus, dem Steuereinnehmer, dem Leprakranken und der Frau am Brunnen. Immer wieder kam es vor, dass Jesu beste Freunde, die Jünger, nicht verstehen konnten, dass er die Nähe der Unreinen, der Feinde, der Menschen suchte, die so wenig Gottes Ansprüchen genügten. Sie wollten ihn vor diesen Menschen schützen. Sie versperrten ihnen den Zugang zu Jesus. Sie waren Torhüter und wollten entscheiden, wer wichtig war, wer hereinkommen durfte und wer ausgeschlossen werden sollte. Sie wichen zurück. Sie wollten mit Schmutz und Krankheit nichts zu tun haben. Sie mieden Feinde des Glaubens, ließen sie links liegen, um ihren wichtigen Alltagsgeschäften nachzugehen, und hatten keinen Blick für die Menschen an ihrer Seite. Und in jedem Beispiel verhielt sich Jesus ganz anders. Er blieb stehen. Er nahm wahr. Er öffnete sich. Er ging auf sie zu. Er berührte. Er begleitete sie in ihre Häuser.

Brot brechen

Er aß mit ihnen. Das tat er mehr als alles andere: gemeinsam mit den Menschen essen. Wir finden hier ein Beispiel für das Unterwegssein: Unterwegs übt Jesus Gerechtigkeit und liebevolle Gnade. Und es drängt sich die Frage nach Grenzen, Trennung und Reinheit auf. Frömmigkeit zeigt sich hier nicht durch Distanz und Trennung. Sie findet sich in dem gewöhnlichen Akt des Freundschaftschließens mit dem anderen. Dieser ziemlich außergewöhnliche Ansatz – Jesus betritt die Welt des Feindes, setzt sich mit ihm an den Tisch und pflegt mit den Ausgegrenzten und als unrein Geltenden Tischgemeinschaft – schließt den Kreis mit einer wesentlichen Versöhnungskompetenz: der *Begleitung*. Das Bild, das wir von Jesus haben, vermittelt uns ein sehr lebendiges Gefühl dafür, wie es ist, an der Seite eines Menschen zu gehen. In seiner Zeit und Welt zeigte sich dies buchstäblich darin, dass er Menschen begleitete, die einander entfremdet waren.

In den vergangenen Jahren habe ich bei meiner Bildungsarbeit ein wenig experimentiert, indem ich die Teilnehmer meiner Seminare gemeinsam auf Spaziergänge geschickt habe. Unterwegs sollten sie über ein Thema diskutieren, über Sorgen oder Erkenntnisse. Ich wählte diese Form der Interaktion und ließ sie nicht in einem Seminarraum oder einer kleinen Gruppe diskutieren. Ich finde, dass etwas qualitativ anderes herauskommt, wenn Menschen beim Unterwegssein miteinander reden. So halte ich es auch mit meinen Studierenden. Statt eines Treffens in meinem Büro schlage ich einen halbstündigen gemeinsamen Spaziergang vor. Das Gespräch unterwegs vertieft und weitet sich. Wir gehen Schulter an Schulter. Das bedeutet, dass unsere Gesichter in dieselbe Richtung weisen. Ich habe dann das Gefühl, dass ich den Ansichten und Sorgen meines Begleiters näher bin. Wenn ich über meine Sorgen spreche, empfinde ich ein Gefühl der Verbundenheit und Unterstützung. Der gemeinsame Spaziergang setzt etwas frei im Körper, dem Herzen und dem Geist. Es ist eine Ganzheitlichkeit festzustellen, die vielleicht im Zusammenhang steht mit der Herausforderung, mit Herz, Geist und Seele zu lieben.

Dies ist die Herausforderung der Versöhnung: dass wir uns auf unser eigenes tiefstes Ringen um Verstehen einlassen, dass wir die Geschichte und den Kampf des anderen zu verstehen suchen, und dass wir die unerwartete Gegenwart Gottes in beidem erkennen.

Jesus missbrauchen

Immer wieder werde ich gefragt, welche Rolle mein Glaube bei meiner Versöhnungsarbeit spielt. Manchmal ist dies aufrichtige Neugier, manchmal liegt dieser Frage aber auch etwas Misstrauen oder ein Vorurteil zu Grunde. Manchmal zeigen sich Leute besorgt, dass ich in meinen Friedensbemühungen nicht versuche, andere mit dem Evangelium bekannt zu machen. Mein größtes Anliegen sollte doch sein, dass die Menschen gerettet werden, und nicht dass sie lernen, friedlich miteinander zu leben. Manchmal äußern sie Zweifel, ob Jesus in meiner Arbeit auch wirklich den ersten Platz einnehme, und fragen sich, warum ich mich nicht darauf konzentriere, anderen Menschen zu helfen, Jesus zu finden. Ich kann diese Theologie und Sorge mit der Aufschrift auf einem Aufkleber zusammenfassen, der in den USA verbreitet ist:

Know Jesus. Know Peace.
No Jesus. No Peace.

Wenn du Jesus kennst, kennst du Frieden.
Ohne Jesus kein Frieden.

Mehrere Annahmen liegen diesen Sätzen zu Grunde, Annahmen, bei denen mir unbehaglich wird. Der Spruch auf diesem Aufkleber definiert Frieden als einen individuellen Zustand, der allein Christen geschenkt ist und allen anderen verwehrt wird. Er geht davon aus, dass Frieden nur durch eine persönliche Beziehung zu Jesus Christus erreicht wird, dass mit der Bekehrung auch der Friede da ist. Darin liegt eine doppelte Bedeutung: Dieser Spruch deutet an, dass das Heil des Einzelnen die Basis für Frieden schafft, und dass alle Bemühungen um Frieden (oder anderes) allein zum Ziel haben, Menschen zu einer exklusiven Wahrheit zu führen.

Dem widerspreche ich. Ich bin Christ, ein mennonitischer Täufer und ein Mensch des Glaubens. Aber Aussagen wie diese, die von der Annahme ausgehen, dass Frieden die Sache des Einzelnen ist, zu der nur bestimmte Menschen Zugang haben, frustrieren mich. In dieser Welt heiliger Rechtfertigung und gefährlicher Teufel verzweifeln manche Menschen am Glauben und bringen die Religion in Verruf. An die Religion habe ich jetzt mehr Fragen als damals, als ich noch jünger war. Ich denke, man könnte sagen, dass ich jetzt der Gewissheiten weniger sicher bin als damals, als ich mit dieser Arbeit begann.

Doch paradoxerweise hat das Leben im Angesicht der Gewalt meinen Glauben tiefer werden lassen, was teilweise auf die außergewöhnlichen Menschen zurückzuführen ist, denen ich begegnet bin und die voller Mut und Integrität ihren Weg gefunden haben. Ich bin nicht der Meinung, dass weniger Gewissheit gleichbedeutend ist mit weniger Glauben. Für mich geht es beim Glauben nicht um Quantität oder Sicherheit. Es geht um den Kern. Diese Sache mit dem Haiku. Jesus nannte ihn ein Senfkorn. In jener Zeit galt das Senfkorn als Unkraut. Es war winzig klein, aber es hatte die Fähigkeit, auf unerklärliche Weise zu einer riesigen Pflanze zu werden.

Wo also ist Jesus? Die leichte Antwort lautet: in seinem Leben und seiner Lehre und seiner gnädigen Gegenwart, die ich erlebe, wenn ich Tag für Tag seinem atemberaubenden und kurvenreichen Weg folge. Jesus ist das nicht zu übertreffende Beispiel für Versöhnung. Er ist derjenige, der wahrnimmt und bleibt und Freundschaft schließt, der uns auffordert, die Qualität unserer Gegenwart bei anderen von dem heiligen Dreiklang Gott – Nächster – Selbst bestimmen zu lassen.

Gott in der Gestalt von Jesus ist an unsere Seite getreten, hat sein Haus unter den Menschen errichtet, damit wir sehen, hören, fühlen, berühren und mit einem Menschen interagieren können, der mit uns geht und lebt. Durch Jesus sehen wir, wie Gottes versöhnende Liebe gegenwärtig gemacht wird. Sie nimmt die Gestalt des Einen an, der wahre Liebe verkörpert und es wagt, den Traum zu leben, dass es möglich ist, alles zu versöhnen.

Impulse zur Vertiefung und Reflexion

Die Kunst der Präsenz

- Status, ethnische Identität, religiöse Identität und sozioökonomische Stellung: Überlegen Sie, welcher dieser Begriffe Ihre Fähigkeit, einen anderen Menschen wahrzunehmen, besonders stört. Bemühen Sie sich um eine persönliche, menschliche Begegnung mit einer Person, die heute einen anderen Status, eine andere ethnische oder religiöse Identität und sozioökonomische Stellung hat als Sie.
- Überlegen Sie, was Sie besonders davon abhält, präsent zu sein – vielleicht Computer, Smartphone, Überengagement –, und machen Sie sich Gedanken, wie das bewusst abzustellen wäre. (Schalten Sie zum Beispiel Ihren Computer oder das Smartphone um acht Uhr abends ab und erst um acht Uhr morgens wieder an; lehnen Sie eine Woche lang zusätzliche Aufgaben ab.) Achten Sie darauf, welche Herausforderung eine Ablehnung darstellt und wie schön es ist, präsent zu sein.
- Gewöhnen Sie sich an, einen Gebetsspaziergang durch Ihre Nachbarschaft zu machen. Nehmen Sie wahr, was schön ist

und was zerbrochen ist. Bitten Sie Gott, Ihnen zu helfen zu erkennen, was er Sie erkennen lassen möchte.

Die Kunst der Reflexion und Selbst-Fürsorge

Gewöhnen Sie sich an, sich täglich eine Zeit der Einsamkeit und Stille zu nehmen, in der Sie die Antwort auf die folgenden drei Fragen suchen:

1. *Gott, wie siehst du mich heute?*
2. *Jesus, wie versuchst du gerade, meine Aufmerksamkeit zu bekommen?*
3. *Heiliger Geist, wie kann ich bei dir sein in dem, was du heute tust?*

Die Kunst der Begleitung

- Laden Sie eine Person an Ihren Tisch ein, die äußerlich einen anderen Status hat, eine andere ethnische oder religiöse Identität oder sozioökonomische Stellung als Sie. Laden Sie sie ein, ein Lieblingsgericht mitzubringen, um das Mahl zu bereichern. Praktizieren Sie demütige Neugier und achten Sie darauf, sich nicht selbst in eine Machtposition zu bringen. Gestatten Sie sich, das Bild Gottes in dieser Person zu entdecken und sich darüber zu freuen.
- Laden Sie einen Kollegen, mit dem Sie häufig zusammen sind, zu einem Spaziergang ein. Laden Sie einen Nachbarn, ein Familienmitglied oder einen Freund, mit dem Sie häufig zusammen sind, ein, mit Ihnen durch die Nachbarschaft zu spazieren. Vergleichen Sie diese Erfahrungen.

KAPITEL 4

Im Anfang war der Konflikt: *Schöpfung*

»IM ANFANG SCHUF GOTT«, LESEN wir in Genesis. Aus einer gestaltlosen Leere gab der Wind des Schöpfers der Erde Gestalt. Gott trennte das Licht von der Dunkelheit und markierte damit den Beginn der Zeit und Geschichte. Gott schied das Land vom Wasser. Die Kuppel des Himmels teilte das obere vom unteren Wasser. Die unterschiedlichsten Pflanzen, Tiere, Vögel und Fische wurden hervorgebracht. Dann geschah das Wunder der Menschwerdung: Wir Menschen wurden im Bild Gottes erschaffen (Genesis 1,27).

Unzählige Bücher sind über diesen wunderbaren Akt Gottes geschrieben worden. Ich will hier keine wissenschaftliche Exegese von Genesis vornehmen. Doch immer wieder bin ich verblüfft über die große Bedeutung dieser Ereignisse für das Verständnis dessen, wer wir sind, wie wir leben und interagieren, und von der ursprünglichen Absicht Gottes bei der Erschaffung des Menschen. Ich glaube auch, dass diese Schöpfungsgeschichte viel mit der Entwicklung einer Theologie des Konflikts zu tun hat. Ich möchte mehrere Beobachtungen zum ersten Kapitel von Genesis weitergeben.

Wir sind geschaffen im Bild Gottes. In jedem von uns liegt »etwas von Gott«. Wie können wir auch nur ansatzweise begreifen, dass wir, zerbrechliche und endliche Wesen, dem Gott der Geschichte irgendwie ähnlich sind? Es gibt die unterschiedlichsten Ansätze für das Dilemma des »im Bild Gottes« Seins. Sehr aufschlussreich ist es, mit der offensichtlicheren Frage zu beginnen: Was genau tut Gott in Genesis? Das ist besser, als versuchen zu wollen, die viel komplexere Frage zu beantworten: Wer ist Gott?

Wenn wir sehen, was Gott tut, dann haben wir zumindest eine Vorstellung vom Wesen des Gottes, in dessen Bild wir erschaffen wurden. Die unmittelbare Antwort ist recht einfach: Gott schafft. Doch dies wirft eine andere Frage auf: Was ist nötig, um zu schaffen? Ich glaube, dass der Prozess der Schöpfung sich auf mehreren unterschiedlichen Aktivitäts- und Bedeutungsebenen aufbaut.

Idee. Schöpfung beginnt mit einer Idee, einem Bild. Sie erfordert die Fähigkeit zu denken, zu reflektieren und zu planen. Mit anderen Worten: dazu gehört, ein Bild zu entwerfen, das über sich selbst hinausgeht.

Gefühl. Schöpfung ist auch eng verbunden mit dem Gefühl. Sie ist nicht nur eine »Idee« im Kopf. Das Bild, das wir haben, hängt zusammen mit einem Gefühl auf einer tieferen Ebene. Wir werden zu etwas »bewegt«. Wir fühlen die Idee. Mit anderen Worten, Schöpfung ist verwurzelt in Leidenschaft und Fürsorge. Hierbei sticht mir ins Auge, dass das Wort *Mitgefühl* aus diesem »Bauchgefühl« und Bild entsteht. Theologen weisen darauf hin, dass in vielen Beispielen, bei denen das Wort *Mitgefühl* im Zusammenhang mit dem Dienst Jesu auftaucht, dieses Wort mit »er war bis ins Innerste gerührt« übersetzt wird.

Aktion. Auf einer anderen Ebene ruft Schöpfung nach Aktion. »Lasst uns diese Idee verfolgen«, sagen wir mit einer gewissen Leidenschaft. Bei einem Künstler drängt das gefühlte Bild nach

Ausdruck. Aktion beinhaltet sich bewegen, hingehen, sich ausdrücken. Ganz bewusst treibt sie an zu Aktivität und dazu, sich mit einer Idee auseinanderzusetzen und sie zu realisieren. Ähnlich wie beim Prozess der Geburt ist es etwas, das wir uns vorstellen, aber nicht körperlich sehen, hören oder fühlen können, und das wir dann hinausbringen in die Welt des Sehens, Hörens und Berührens. Schöpfung ist ein Akt.

Wenn wir uns die Geschichte in Genesis anschauen, finden wir dieselben Grundelemente. Gott stellt sich vor und entwirft, reflektiert und plant. Gott fühlt und liebt mit Leidenschaft. Und Gott setzt sich in Bewegung und handelt in der Geschichte. Auch wir besitzen diese Grundfähigkeiten. Wir sind beschenkt mit den Fähigkeiten zu denken, zu reflektieren, zu planen und zu handeln. Wir handeln in der Geschichte. Eigentlich ist es so, dass wir genau die Geschichte erschaffen, die wir selbst als real erleben. Wir sind ständige Mit-Schöpfer unserer eigenen Geschichte. Einiges davon ist gut, und einiges davon schadet uns und anderen. Trotzdem haben wir teil daran.

Schöpfungsversprechen

In Genesis finden wir eine Reihe von Schöpfungsversprechen Gottes. Dies sind spezielle Merkmale oder Dynamiken, wie Gott sich unsere Welt vorgestellt oder sie aufgebaut hat. Nachfolgend drei Schöpfungsversprechen, die unser Verständnis von Konflikt und am Ende von Versöhnung erweitern.

Gott ist in jedem von uns

In dem höchst bedeutungsvollen Akt der Schöpfung wurden wir im Bild Gottes erschaffen. In diesem Akt finden wir das Grundversprechen, dass ein Teil von Gott in jedem von uns sein wird. Wir erkennen dies in den Eigenschaften eines jeden von uns, die den Schöpfer widerspiegeln: Jeder von uns ist mit der

Fähigkeit zu denken, zu reflektieren, zu fühlen, zu lieben und zu handeln ausgestattet.

Wir können in tiefster Weise bestätigen, was Jakob bei seiner Begegnung mit seinem Bruder sagt: »Denn ich sah dein Angesicht, als sähe ich Gottes Angesicht« (Genesis 33,10b). Die Menschheit und jeder einzelne von uns als Person hat das Geschenk des Lebens bekommen, ein Geschenk, das uns in die Gegenwart und Reichweite Gottes trägt. In jedem von uns liegt etwas von Gott. Die ersten Quäker lehrten, dass wir, wenn wir Frieden stiften wollen, dieses Etwas von Gott in jeder Person ansprechen müssen.

Gott schätzt Vielfalt

Die zweite Bestätigung liegt in dem tiefen Verständnis, dass Gott uns als »Mann und Frau« erschaffen hat. »Aha!«, werden einige sagen. »Jetzt erkennen wir die Verbindung zwischen Genesis 1 und Konflikt.« Es gibt Unmengen an Literatur zum Thema Geschlechterunterschiede und Konflikte. Dazu wurde intensiv geforscht. Trotzdem interessiert mich hier eher eine grundlegende Wahrheit, die sich in der Schöpfungsgeschichte findet: dass Gott die Vielfalt geschaffen hat.

Der Schöpfungsbericht ist durchdrungen von Unterschieden und Unterscheidungen. Im ersten Kapitel von Genesis begegnet uns zehn Mal der Ausdruck »aller Arten«. Er bezieht sich auf Samen, Pflanzen, Vögel, Fische und Tiere. Mir steht das Bild eines Regenwalds vor Augen mit seiner Vielfalt des Lebens, oder ein Korallenriff, in dem es nur so wimmelt von unterschiedlichen Lebewesen.

Auf einer anderen Ebene finden wir die vorsichtigen Unterscheidungen, die Ordnung und Sinn bringen sollen. Das Licht scheidet den Tag von der Nacht. Die Erde und der Himmel werden voneinander geschieden. Der Himmel teilt die oberen und unteren Wasser. Wasser und Land driften auseinander.

Jedes Element unterscheidet sich von dem anderen, findet seine Identität und Bedeutung jedoch nur in Verbindung mit allen anderen.

Schöpfungsversprechen

1. Gott ist in jedem von uns.
2. Gott schätzt Vielfalt.
3. Gott schenkt uns göttliche Freiheit.

Der Höhepunkt dieses Prozesses ist die Schöpfung der Menschen als Mann und Frau. Dieser einfache Anfang ist eines von Gottes festen und unveränderlichen Versprechen. Wenn Sie sich in Ihrer Familie und unter Ihren Blutsverwandten umsehen, den Menschen, die Ihnen ganz besonders nahe stehen, finden Sie keine einzige Person, die genau so ist wie Sie, oder? Sie können sich auch in ihrer Stadt und sogar in Ihrem Volk auf die Suche machen, Sie sind trotzdem einzigartig.

Auf der Erde leben mehr als sieben Milliarden Menschen, und doch gleicht keiner dem anderen ganz genau. Sie können Ihren Blick zurückwenden auf die Geschichte bis zum Anfang der Zeit, und müssen erkennen, dass es nie einen Menschen gegeben hat, der genauso gewirkt und gelebt hat wie ein anderer. Selbst Zwillinge besitzen trotz ihrer Ähnlichkeit einzigartige Merkmale, durch die sie sich unterscheiden. Eineiige Zwillinge werden geprägt durch unterschiedliche Erfahrungen. Gott schätzt Vielfalt.

Gott schenkt uns göttliche Freiheit

Die dritte Bestätigung findet sich im Baum der Erkenntnis von Gut und Böse (Genesis 2,9.17). Dieser Baum ist für viele der Wegbereiter für den Sündenfall und das Eindringen der Sünde in den Garten Eden (Genesis 3). Die Menschen waren nicht zufrieden mit dem, was Gott ihnen geschenkt hatte, und strebten danach, »wie Gott« zu sein (Genesis 3,5). Wir konzentrieren uns meistens auf die Folgen der Entscheidungen, die Adam und Eva getroffen haben. Dabei übersehen wir, dass Gott, als er Adam und Eva schuf, versprochen hatte, ihnen die Freiheit der Entscheidung zu geben.

Dieses Versprechen definiert vielleicht mehr als jedes andere Merkmal das Wesen Gottes und das Bild, in dem wir erschaffen wurden. Gott ist frei: frei, zu tun und zu entscheiden und zu handeln. In diesem Sinne war der Baum notwendig, um Entscheidungsspielraum zu geben. Dies ist die Realität der Freiheit. Ohne Gelegenheit, ohne Entscheidung, ohne Freiheit verlieren die Menschen ihre einzigartige Stellung in der Schöpfung. Wir sind erschaffen im Bild Gottes bis zu dem Maß, dass Gott sich verpflichtet hat, uns göttliche Freiheit zu schenken.

Die Menschen: Eine dynamische Mischung

Oberflächlich gesehen erscheint jedes dieser Schöpfungsversprechen selbsterklärend und relativ einfach zu sein. Doch in der Kombination machen sie eine erstaunliche Mischung aus. Jeder Mensch wurde erschaffen im Bild Gottes mit der Fähigkeit zu denken, zu reflektieren, zu planen, zu fühlen und zu handeln. Und doch ist jeder Mensch ein einzigartiges Individuum mit der Freiheit, zu entscheiden. All dies war bereits vor dem Sündenfall in der Schöpfung angelegt.

Treten wir einmal einen kurzen Moment zurück und denken über die Bedeutung dieses Aspekts der Schöpfung nach. Ganz bewusst und aus Spaß bin ich dieses Thema in Seminaren mit Hilfe von zwei Illustrationen angegangen.

Zuerst bitte ich die Zuhörer, eine Ameisenkolonie mit einer Kolonie von Christen zu vergleichen, wie sie sie aus ihrer Kirche kennen. Sie sollen aufzählen, was die Menschen von den Tieren unterscheidet. Lachend beginnen sie meistens mit den Ähnlichkeiten: »Wir arbeiten hart.« »Wir leben in Gemeinschaften.« »Wir sind pragmatisch und wollen die Arbeit schaffen.« »Wir sehen alle ähnlich aus.«

Als Nächstes kommen die Unterscheidungsmerkmale. »Wir können denken und fühlen, die Ameisen dagegen handeln instinktiv.« »Wir haben Wahlmöglichkeiten und Träume.« »Wir sind recht unterschiedlich in unserer Spezies.« »Jeder von uns ist eine einzigartige Person mit einer Seele und einem Verstand und Gott ähnlich.« Uns fällt auf, wie viel dynamischer und reicher unser Leben und unsere Erfahrungen sind als die der Ameisen auf Grund dieser Gott-Ähnlichkeit, weil wir Individuen sind, die einen Verstand, ein Herz und eine Seele besitzen.

Anschließend bemerke ich: »Ach übrigens, innerhalb ihrer Kolonie bekämpfen sich die Ameisen nicht.« (Ein paar Mal befanden sich Insektenkundler unter den Teilnehmern, die wissenschaftliche Fakten zu dieser leicht dahingeworfenen Bemerkung beisteuern konnten. In guter Stimmung einigten wir uns in der Regel darauf, dass Ameisen Konflikte nicht so erleben wie die Menschen.)

Als zweiten Schritt bitte ich die Teilnehmer, ihre Fantasie spielen zu lassen. »Stellt euch mal vor«, sage ich, »dass die nationale Regierung euch den Auftrag gegeben hat, eine Fabrik zu bauen, die in jeder Hinsicht perfekt ist. Ihr bekommt alles, was ihr braucht, Baumaterial und auch Hilfskräfte. Ihr könnt ausprobieren, was immer ihr wollt. Es wird keine Hindernisse geben. Wie würdet ihr die perfekte Fabrik gestalten?«

Wenn wir darüber nachdenken, wie eine perfekte Welt aussehen sollte, kommen unsere natürlichen Neigungen zum Tragen. Regelmäßig kristallisierte sich heraus, dass wir gern Roboterarbeiter in der idealen Fabrik arbeiten lassen würden. Der Betrieb der Fabrik würde automatisch laufen und ohne Störung. Die Arbeiter bekämen eine bestimmte Aufgabe zugewiesen und müssten sie erledigen, ohne zu denken, zu träumen und Entscheidungen zu treffen. Alle Entscheidungen wären bereits getroffen. Die Leute sollten nur den Anweisungen folgen und das Produkt herstellen.

Wie interessant, dass eine solche Fabrik die Vielfalt und Entscheidungsfreiheit und auch Konflikte ausmerzt! Und was für eine Ironie. In den großen Zukunftserzählungen wie *1984* von George Orwell oder *Schöne neue Welt* von Aldous Huxley erleben wir, dass diejenigen, die die vermeintlich perfekte Welt, in der alles störungsfrei läuft, beherrschten, das Paradies als einen Ort wahrnehmen, in dem es keinen Konflikt gibt. Um in dieser Welt einen solchen Zustand zu erreichen, versuchten die Weltherrscher, alle Unterschiedlichkeit und Individualität zu eliminieren, kontrollierten den Informationsfluss und grenzten Fantasie und Entscheidungsfreiheit ein. Mit anderen Worten, sie strebten genau das Gegenteil von Gottes Schöpfungsversprechen an: Gott-Ähnlichkeit eines jeden Menschen, einzigartige Unterschiedlichkeit aller und Freiheit in allen Bereichen.

Am sechsten Tag warf Gott einen Blick auf seine Schöpfung und sagte: »Sie ist sehr gut.« Ehrlich gesagt, es herrschte ein großes Durcheinander: ein dynamisches, erfülltes und wundervolles Durcheinander. Meiner Ansicht nach ist dies der zentrale Punkt der Schöpfungsversprechen. Genau die Elemente, die die menschliche Erfahrung reich und dynamisch machen, die Merkmale, die in der Erfahrung von Ameisen fehlen, sind die Elemente, die Konflikte unausweichlich machen. Durch Gottes Versprechen in der Schöpfung wurde der Konflikt zum natürlichen Teil der menschlichen Erfahrung, ist es noch und wird es immer sein. Weil wir so erschaffen wurden, wie Gott uns erschaffen hat, wird der Konflikt immer zu unseren menschlichen Beziehungen dazugehören.

Ich möchte noch ein Stück weiter gehen. Die meisten von uns erkennen an, dass der Konflikt zu unserem heutigen Leben und unseren Beziehungen dazugehört. Doch in christlichen Kreisen herrscht die sehr ausgeprägte Meinung vor, dass Konflikte auf das Vorhandensein von Sünde schließen lassen. Das Wissen um unser gefallenes Wesen führt zu der allgemeinen Ansicht, dass Konflikte eigentlich Sünde seien. Gottes Schöpfungsversprechen dagegen bieten uns eine andere Sichtweise. In Gottes ursprünglichem Plan vor dem Sündenfall wurde die Menschheit so konzipiert, dass Unterschiede und Konflikte normal und unausweichlich zum Leben dazugehören.

Adam und Eva gaben den Tieren und Pflanzen ihre Namen, sorgten selbst für ihren Lebensunterhalt, füllten die Erde und waren fruchtbar und vermehrten sich. Können Sie sich vorstellen, dass sie ihre Aufgaben ohne Meinungsverschiedenheiten und Streit lösten? Beide wurden im Bild Gottes geschaffen. Jeder von ihnen war ein Individuum und besaß Freiheit. Denken Sie wirklich, dass sie sich nie gestritten haben oder uneinig waren? Wie schrecklich langweilig, wenn es so gewesen wäre!

Die Geschichte aus Genesis macht uns bewusst, dass Konflikte ein natürlicher Bestandteil unserer Beziehungen sind, weil wir sind, wer wir sind, weil wir so sind, wie Gott uns erschaffen hat. Ein Konflikt als solcher ist keine Sünde. Sünde kann ins Spiel kommen durch die Art, wie wir den Konflikt angehen, wie wir damit umgehen und vor allem wie wir miteinander umgehen. Sünde ist ein Merkmal der Qualität unserer Beziehungen.

Dass sich Sünde in einen Konflikt einschleicht, wird deutlich, wenn wir sein wollen wie Gott, wenn wir uns über andere stellen, wenn wir andere unterdrücken, über andere bestimmen wollen, nicht zuhören wollen, andere herabsetzen und ausschließen, tiefe Gefühle zurückhalten, den anderen meiden, hassen und Schuld zuweisen ohne Selbstreflexion.

Zusammengefasst, ein christliches Verständnis von Konflikt baut auf diesen grundlegenden Schöpfungsversprechen auf: Gott ist in jedem von uns, weil wir im Bild Gottes geschaffen sind. Gott schätzt Vielfalt. Gott verpflichtet sich, uns Freiheit zu schenken. Diese Elemente machen unser Leben reich und interessant. Und sie machen Konflikte zu einem natürlichen Teil unserer Beziehungen.

Impulse zur Vertiefung und Reflexion

- *Persönliche Übung:* Beginnen Sie eine Übung der Buße und stellen Sie Gott die folgende Frage: Wofür muss ich Buße tun, damit ich dein Bild in anderen deutlicher erkennen kann? Vielleicht das Gefühl Ihrer eigenen Wichtigkeit? Ihre persönlichen Urteilsverzerrungen, Meinungen und Vorurteile, die sich durch Erziehung und Medien bei Ihnen eingeschlichen haben? Ihre Geschäftigkeit? Hören Sie auf das Flüstern des Heiligen Geistes und leben Sie nach dem, was der Geist Ihnen sagt.
- *Kleine Gruppenübung:* Anstatt in der Suppenküche am Ort oder dem Resozialisierungszentrum mitzuhelfen, bieten Sie eine Reihe von Gesprächen am runden Tisch mit Ihrer kleinen Gruppe und der Gemeinschaft an, der Sie dienen möchten. Hören Sie sich die Geschichten der Einzelnen an, öffnen Sie sich für ihren Schmerz und bemühen Sie sich darum, ihr Anliegen zu verstehen, und feiern Sie ihre Erfolge. Dadurch werden Sie die Menschlichkeit, die Würde und das Bild Gottes in dem anderen entdecken.
- *Übung für die Gemeinschaft:* Laden Sie einen muslimischen Imam und einen jüdischen Rabbi zu einem Treffen ein und heben Sie die Gemeinsamkeiten der drei monotheistischen Traditionen hervor, und nicht die Unterschiede zwischen uns. Zur Vorbereitung dieses Treffens laden Sie eine Gruppe Einzelpersonen aus jeder Gemeinschaft ein und überlegen Sie gemeinsam, wie alle die Gemeinsamkeiten zum Wohle ihres Umfelds nutzen können. Erarbeiten Sie als Gruppe ein gemeinsames Projekt und sprechen Sie Einladungen an Ihre Glaubensgemeinschaften aus, diese Gemeinsamkeiten gemeinsam zu praktizieren.

KAPITEL 5

Wenn der Konflikt tobt und wir um Hilfe schreien: *Die Psalmen*

DIE FRIEDENSTHEOLOGIE, DIE ICH ALS Kind der Täuferbewegung mitbekommen und im Laufe der Jahre als meine eigene angenommen habe, hat mich über viele Jahre hinweg die Geschichten des Alten Testaments, in denen die Feinde vernichtet werden, meiden lassen.

Dies änderte sich erst, als ich, wie in Kapitel 1 beschrieben, diesen entsetzlichen Telefonanruf bekam, in dem ich erfuhr, dass mein Kind in Gefahr war. In diesem Augenblick, in dem ich »einer von ihnen wurde«, wie mein Freund es am Telefon ausdrückte, betrat ich eine schreckliche Welt der Paranoia und Angst. Ganz persönlich erlebte ich dieses Gefühl, dass ich mir Schutz vor und Distanz von meinen Feinden wünschte, wenn nicht sogar ihre Vernichtung, wie es im Alten Testament beschrieben wird.

Vor jenem Anruf hatte ich nie wirklich Bedrohung von einem Feind oder Hass auf jenen Feind empfunden. Doch nach diesem Anruf wurden diese Gefühle real. Manchmal schrie meine innere Schar der kleinen Stimmen: »Herr, wer sind diese Leute?

Welches Recht haben sie, das zu tun? Wer, der noch recht bei Verstand ist, bedroht ein unschuldiges dreijähriges Kind, um ein unbedeutendes politisches Ziel zu erreichen? Was sind das für Menschen, die so etwas tun?«

Mein Ärger und das Gefühl der Ungerechtigkeit wuchsen mit dem Wissen, dass hinter diesen Drohungen namenlose und gesichtslose Wesen standen. Ich hatte mir Menschen, die sich verstecken, die manipulieren und das Leben eines anderen mit einem Streich vernichten konnten, zum Feind gemacht. Für ein paar Dollars könnten sie mich töten. Es waren Menschen, die ich nie kennenlernen würde. Ich könnte sie für ihre Taten niemals zur Rechenschaft ziehen.

Zum ersten Mal erlebte ich Heimtücke ganz real und am eigenen Leib. Durch diese Ereignisse schlich sich mein Herz an meinem pazifistischen Geist vorbei und verband sich mit der Stimme des Psalmisten, der rief: »Herr, rette mich und vernichte meine Feinde!«

> Merke auf mich und erhöre mich, wie ich so ruhelos klage und heule, da der Feind so schreit und der Gottlose mich bedrängt; denn sie wollen Unheil über mich bringen und sind mir heftig gram (Psalm 55,3–4).
>
> Mache ihre Zunge uneins, Herr, und verwirre sie; denn ich sehe Frevel und Hader in der Stadt (Psalm 55,10).
>
> Die Gottlosen sind abtrünnig vom Mutterschoß an, die Lügner gehen irre von Mutterleib an. Sie sind voller Gift wie eine giftige Schlange, wie eine taube Otter, die ihr Ohr verschließt (Psalm 58,4–5).
>
> Gott, zerbrich ihnen die Zähne im Maul, zerschlage, HERR, das Gebiss der jungen Löwen. Sie werden vergehen wie Wasser, das verrinnt. Zielen sie mit ihren Pfeilen, so werden sie ihnen zerbrechen. Sie gehen dahin, wie Wachs zerfließt, wie eine Fehlgeburt, die die Sonne nicht sieht. (Psalm 58,7–9).

> Der Gerechte wird sich freuen, wenn er solche Vergeltung sieht, und wird seine Füße baden in des Gottlosen Blut; und die Leute werden sagen: Ja, der Gerechte empfängt seine Frucht, ja, Gott ist noch Richter auf Erden (Psalm 58,11–12).

Während meiner Zeit in Zentralamerika habe ich die Gewalt des Krieges hautnah erlebt. Ich kannte den Krieg und wusste um alles, was er mit sich bringt. Meine Freunde hatten Gliedmaßen und sogar ihr Leben verloren. Ich kannte Familien, die Eltern, Kinder, Brüder und Schwestern verloren hatten. Egal, wieviel ich davon wusste, erst nach dem ich selbst die Erfahrung gemacht hatte, dass Manipulation und Gewalt *gegen mich* gerichtet waren, begann ich den tiefen Zorn zu begreifen, der die Angst begleitet. Ich lernte die Frustration der Hilflosigkeit kennen und den bitteren Geschmack des Hasses. Ich wurde »einer von ihnen« und stimmte in den lauten Schrei nach einem gerechten Gott ein, und mir wurde bewusst, dass ich allein von Gott Befreiung erwarten konnte.

Zwei Beispiele aus meiner Zeit in Zentralamerika machen deutlich, wie Menschen in Kriegsgebieten sich mit dem Zorn und der Angst des Psalmisten identifizieren können.

Da ist der Gringo – schnappt ihn euch!

In den Monaten, die auf jenen Telefonanruf folgten, erzielten wir bei den Verhandlungen einen kleinen Erfolg, denn wir konnten dazu beitragen, dass die führenden Männer in dem Konflikt zwischen den Miskitos und Sandinisten an den Verhandlungstisch kamen.

Als Teil der ersten Vereinbarungen erklärten sich alle Führer bereit, an die Ostküste Nicaraguas zu reisen, in die Heimatbezirke der einheimischen Miskito-Führer. Eine große Zahl der im Exil lebenden Anführer war viele Jahre nicht mehr dort gewesen. Zum ersten Mal kehrten sie alle zurück und begegneten ihren ehemaligen Feinden.

Hohe Erwartungen wurden an diese Begegnung gestellt, aber sie war auch nicht ganz unproblematisch. Die Führer hatten in der förmlichen Umgebung der Hauptstädte bereits einige Fortschritte erzielt. Doch es war schwierig, diese Vereinbarungen umzusetzen oder sie in den Dörfern, in denen der Krieg gewütet hatte, auch nur zu erklären. Unser Schlichtungsteam wurde gebeten, die Miskito-Führer bei ihrer Heimkehr zu begleiten und in ihren Dörfern von dem Friedensprozess zu erzählen. Die indigenen Führer luden uns ein, sie auf ihrem Weg ins Herz der Versöhnung mit all seinen Herausforderungen zu begleiten.

Der Vorschlag erschien logisch, die Umsetzung jedoch war keine leichte Aufgabe. Die Menschen auf beiden Seiten hatten ihre Fragen und ihren Argwohn. Bei uns gab es keine Formalitäten und kein Protokoll wie bei den Verhandlungen in Managua. Auf den Dörfern war dies ein organischer Prozess. Die Leute standen den Feinden, deren Ziel es gewesen war, Macht über sie auszuüben, von Angesicht zu Angesicht gegenüber, den Feinden, die in vielen Fällen nahe Familienmitglieder getötet hatten.

Viele Tage und Stunden reisten wir auf dem Wasserweg in die entlegensten Gebiete des Landes. In einigen Dörfern wagten es die Menschen zum ersten Mal, mit verschiedenen Führern beider Seiten über die Schwierigkeiten vor Ort zu sprechen. In einem Dorf schilderten die Bewohner ausführlich die Abscheulichkeiten, die ein bestimmter sandinistischer Militärführer, der bei dieser Versammlung zugegen war, begangen hatte.

In solchen Situationen, in denen großer Schmerz und tiefe Gefühle zum Ausdruck kommen, ist es sehr schwierig, wenn nicht sogar unmöglich, den Ausgang dieser Begegnung unter Kontrolle zu behalten. In jener Nacht wurden der Sandinistenführer und mehrere seiner Männer angegriffen und schwer verletzt. Die Nachricht von dem Zwischenfall eilte uns voraus.

Als wir die Hauptstadt im Nordosten erreichten, liefen die Sympathisanten der Sandinisten bereits Sturm gegen die ihrer Meinung nach aufhetzenden Reden der heimkehrenden indigenen Führer. Sie verlangten deren Beendigung, da sie ihrer Meinung nach den Boden für Gewalt bereiteten.

Puerto Cabezas war das größte der Miskito-Zentren. Die indigenen Führer bestanden darauf, auf einer öffentlichen Versammlung von dem Friedensprozess zu berichten, wie es mit den Sandinistenführern in der Hauptstadt vereinbart worden war. Doch die Sandinistenführer vor Ort waren damit nicht einverstanden. In einigen Fällen inszenierten sie offene und gewalttätige Reaktionen auf die heimkehrenden Eingeborenen.

Als sich der Tag dieser großen Versammlung näherte, waren alle Beteiligten in eine Sackgasse geraten. Die Miskito-Führer wollten an der öffentlichen Versammlung festhalten. Die Sandinisten-Führer erklärten, sie könnten in diesem Falle nicht für die Sicherheit der Leute garantieren.

Das Schlichtungsteam arbeitete buchstäblich Tag und Nacht, um Gewalt abzuwenden, doch die Situation verschlechterte sich zusehends. Die öffentliche Versammlung sollte mittags beginnen. Wir beschlossen, die indigenen Führer den ganzen Tag über zu begleiten in der Hoffnung, dass unsere Anwesenheit Gewalt verhindern würde.

Am Tag zuvor hatten wir getrennt mit beiden Seiten zusammen gegessen und sie noch einmal um Zurückhaltung gebeten. Am Morgen, bevor wir das Haus verließen, trafen wir uns als Team, um zusammen zu beten. In unseren Gebeten nannten wir die einzelnen Führer auf beiden Seiten namentlich, diejenigen, die Freunde waren, und auch diejenigen, die, wie wir wussten, zornig und schwankend waren.

Kurz darauf wurde deutlich, dass unsere schlimmsten Befürchtungen eintreten würden. Die Versammlung sollte im Baseballstadion stattfinden. Den ganzen Vormittag über strömten die Menschen ins Stadion. Es dauerte nicht lange, bis sich aufgebrachte Schlägertrupps sammelten, in erster Linie sandinistische Jugendliche, mit Knüppeln, Ketten und Macheten bewaffnet. Die Redner der Veranstaltungen waren wegen des Lärms der zornigen Stimmen kaum zu verstehen.

Als ein Pastor der Brüdergemeine die Veranstaltung mit einem Gebet eröffnete, knatterten hinter uns Maschinengewehre los. Das Sperrfeuer war in erster Linie als Störung gedacht und sollte Verwirrung stiften. Als die Reden schließlich zum Ende gekommen waren, begleiteten einige Mitglieder unseres Teams die indigenen Führer zu ihren Häusern. Ich blieb bei Carlitos, einem Mitglied des Schlichtungsteams. Wir wollten den Pickup aus dem Stadion fahren, auf dem die Redner gestanden hatten, um besser gesehen zu werden.

Auf den Straßen in der Nähe des Stadions kam es zu Handgreiflichkeiten und Unruhen. Als wir das Stadion gerade verlassen wollten, drängte eine große Meute Unruhestifter ins Stadion durch den einzigen Ausgang, durch den wir das Gelände verlassen konnten. In dem Chaos deutete ein junger sandinistischer Rekrut auf mich und rief: »Das ist der *Gringo*. Schnappt ihn euch! Schnappt ihn euch!«

Dieser Augenblick hat sich tief in meine Erinnerung eingebrannt. Noch immer sehe ich Gesichter aus dieser Menge vor mir, junge Leute, von denen ich einige sogar kannte. Raserei stand in ihren Gesichtern zu lesen, als sich ihr Blick auf mich heftete. *Ich* war der Feind aus dem Ausland. *Ich* repräsentierte die Vereinigten Staaten, den Feind, an den sie nie herankommen könnten. Über Jahre hinweg hatte sich der Feind weit außerhalb ihrer Reichweite befunden. Dieser Feind war die Ursache für die wirtschaftliche Not und Unterdrückung und hatte ihren Feinden Waffen geliefert. Jetzt war der Feind zum Greifen nahe.

Ich repräsentierte Amerika und all das Leid, dem sie niemals entkommen könnten. In ihren Augen erkannte ich Jahre der

Frustration, die Trauer um geliebte Menschen, die sie verloren hatten, und den Schmerz, der weitergärt und sich in Feindseligkeit verwandelt, schließlich hochkocht und in unkontrollierbarem Zorn zum Ausbruch kommt.

Die folgenden Sekunden verschwimmen in meiner Erinnerung. Wir stürzten zum Geländewagen und bahnten uns unseren Weg durch den Mob hindurch zum einzigen Ausgang. Das erste, was uns traf, war eine schwere Eisenkette, die die Windschutzscheibe zerschmetterte. Die Glassplitter ergossen sich über unsere Arme und Gesichter. Wir hatten nur wenige Meter zurückgelegt, als alle Fenster im Truck zertrümmert waren.

Noch immer spüre ich den Aufprall der Steine – ein dicker landete auf meiner Schulter – und wie Carlitos warmes Blut auf meine Wange spritzte, als er am Hinterkopf getroffen wurde. Zum Glück verlor er nicht das Bewusstsein und rollte unaufhaltsam weiter durch die Massen von Menschen, die Steine nach uns warfen.

Minuten später erreichten wir das Krankenhaus am Ort, wo ein kubanischer Arzt uns versorgte. Einige Verletzungen mussten sogar genäht werden. Ich erinnere mich noch, dass ich, selbst als ich bereits in diesem Warteraum des Krankenhauses saß, noch immer zusammenzuckte vom Lärm der Schreie und Schüsse. In meinem Kopf war nur ein Gedanke: Bring mich an einen sicheren Ort. Ich empfand eine Angst, die zu einer Paranoia ausartete.

Der Colonel

Weniger verständlich am Umgang mit Feinden ist mir, dass ich, der ich so motiviert war und so gute Absichten hatte, mich dazu verleiten lassen konnte, genau das zu tun, wogegen ich mich einsetzte. In einem Umfeld, in dem sich die Fronten verhärtet haben, neigen wir alle dazu, die unmoralische Bösartigkeit von »denen« herauszustreichen. Und natürlich sehen wir vor allem unsere guten Absichten. Schließlich sind wir ja im Recht. Ich lebte eine ganze Weile mit dieser Illusion – bis zu dem Tag, an dem Gott mir zeigte, wie schnell ich mir mein eigenes Feindbild erschaffen konnte. Diese Erfahrung hat mich tief erschüttert.

Anfang 1987 war ich in Honduras in der Nähe der Grenze zu Nicaragua unterwegs. Der Contra-Krieg wütete noch. An dieser Grenze, vor allem in den Randgebieten des abgelegenen Dorfes Danli, waren honduranische mennonitische Brüder und Schwestern aus ihren Häusern vertrieben worden. Nicaraguanische Widerstandstruppen hatten diese Region besetzt, um dort eine Militärbasis einzurichten. Sie waren in Opposition zur sandinistischen Regierung. Einige Honduraner bejubelten die Truppen als Freiheitskämpfer, für andere dagegen gehörten sie zu den Konterrevolutionären.

Zu jener Zeit verbreitete die honduranische Regierung die Behauptung, in Honduras seien keine nicaraguanischen Kämpfer stationiert. Es war ein heimlicher Krieg zu hohen Kosten. Ich war mit Carmen und Luke Schrock-Hurst unterwegs. Sie arbeiteten unter den vertriebenen Familien. Diesen Menschen stand der Schmerz ins Gesicht geschrieben. Sie hatten Zeit, Angehörige und ihr Zuhause verloren. Sie waren Opfer eines Freiheitskrieges, der nicht ihr eigener war.

Nach dieser Reise stand ich am großen Fenster des Terminals und blickte über das Rollfeld des Flughafens in Tegucigalpa, der Hauptstadt von Honduras, hinweg. Ich hatte zwei Stunden zu früh eingecheckt und war allein in der Abflughalle. Viele Gedanken über die hinter mir liegende Reise gingen mir durch den Kopf. In diesem Augenblick entdeckte ich den Colonel.

Die Worte einer jungen honduranischen Mutter gingen mir durch den Sinn. Soldaten (von denen die honduranische Regierung behauptete, dass es sie in ihrem Land nicht gebe) hatten das Haus ihrer Familie besetzt. »Wie ertragen Sie das?«, hatte ich sie gefragt und mit einer verbitterten Reaktion gerechnet.

Ihre Antwort verblüffte mich. »Ich empfinde Schmerz für sie. Sie sind noch so jung. Sie haben so wenig Hoffnung. Sie kennen nur den Tod.«

Das, was sie mir erzählt hatte, war für mich unbegreiflich, und ich war in Gedanken noch bei dieser Frau, als die Sirenen auf dem Flughafen losschrillten. Sofort brach ein hektisches Getümmel aus. Soldaten stürmten über das Rollfeld zu einer Flotte von Helikoptern, die langsam abhoben und sich in Richtung der Berge an der Grenze zu Nicaragua entfernten. Von meinem Fensterplatz aus konnte ich alles gut beobachten. Ist das eine Übung oder ein echter Alarm?, fragte ich mich.

Die Helikopter würden innerhalb kürzester Zeit in genau den Gebieten eintreffen, durch die ich gerade gereist war. Vermutlich brachten sie Nachschub für die Contra-Kämpfer. Eine knappe Stunde später traten die Helikopter den Rückflug an. Nacheinander kamen sie in niedriger Höhe über den Bergrücken. Sie schwebten nur wenige Meter über dem Boden. Einer der Hubschrauber brach aus der Formation aus und flog direkt auf das Terminal zu. Durch den Luftzug des Rotors fiel die Tür, von der ich nur wenige Meter entfernt stand, mit einem lauten Knall ins Schloss. Der Lärm war ohrenbetäubend.

Wenige Meter von dem Fenster entfernt setzte der Hubschrauber auf dem Boden auf, so nah, dass ich das Gesicht des Piloten erkennen konnte. Er wirkte angespannt, die Augen waren hinter einer dunklen Sonnenbrille verborgen. Die Seitentür des Helikopters flog auf, und ein Passagier sprang heraus. Er trug Zivilkleidung und hielt eine kleine Reisetasche in der Hand.

Der Passagier rannte zur Terminaltür, flachste ein wenig mit den Zollbeamten herum und sprang schließlich über den Tisch der Zollbeamten. Ich suchte mir einen Platz, und dieser Passagier setzte sich neben mich. Er war Amerikaner, wurde nicht vom Zoll kontrolliert, brauchte weder seinen Pass noch sein Ticket vorzeigen.

Der honduranische Pilot flog seinen Helikopter zu der Flotte auf der anderen Seite der Landebahn zurück. Etwa eine Stunde später stieg sein amerikanischer Passagier in ein Flugzeug nach San Salvador.

Mein Flug aus New Orleans hatte Verspätung. Während ich wartete, beobachtete ich die Passagiere, die sich nach und nach einfanden und die Plätze um mich herum besetzten. Ein Lastwagen fuhr vor, und ein honduranischer Militärangehöriger stieg aus. Er trug einen grünen Overall, schwarze Stiefel und eine dunkle Sonnenbrille. Der Mann ging am Fenster vorbei, und ich erkannte ihn als den Helikopterpiloten, den ich vorher gesehen hatte. Er war sehr groß, und unter seinem Overall hoben sich deutlich seine Muskeln ab.

Das ist mir ja ein Rambo!, dachte ich. Wer mag dieser Mann sein? Glaubt er wirklich an das, was er tut? Was hatte er an diesem Nachmittag auf der anderen Seite der Grenze zu tun? Wem hat er das Leben genommen? Die Bilder, die ich gerade erst in Danli gesehen hatte, gingen mir einfach nicht aus dem Kopf.

Als er den Raum betrat, lächelten die Zollbeamten ihn an und nannten ihn »*mi Coronel*«. Er wechselte ein paar Worte mit ihnen, dann verschwand er wieder durch die Tür nach draußen. Dort blieb er stehen und wartete auf die Maschine aus den Vereinigten Staaten, mit der ich nach Costa Rica weiterreisen wollte.

Kurz darauf rollte das Flugzeug zum Terminal. Während wir darauf warteten, an Bord gehen zu können, kamen die ankommenden Passagiere auf dem Weg zur Zoll- und zur Einwanderungskontrolle an der Fensterfront vorbei. Der Colonel wartete offensichtlich auf jemanden, der mit diesem Flugzeug eintreffen sollte.

Das könnte interessant werden, dachte ich. Wen holst du wohl dieses Mal ab, *mi Coronel*? Welchem Freiheitskämpfer wirst du dieses Mal das Geleit geben? Eine rechtschaffene

Abscheu brandete in meinem pazifistischen Geist auf, als ich eine Position suchte, von der aus ich die bevorstehende Begegnung besser beobachten konnte. Welche Geheimnisse verbergen sich in deinem Geist? Wer ist dein Kontakt? Ist dies nicht das verkörperte Böse des Krieges? Amerikanische und honduranische Militärs rotten sich gegen die unterdrückten Nicaraguaner zusammen!

Der Colonel ging auf das Flugzeug zu, um seinen Freund abzuholen, und verschwand aus meinem Blickfeld. Wenige Minuten später tauchte er wieder auf. Sein Arm lag um ein zehnjähriges Mädchen. Metallschienen stützten ihre dünnen Beine. Sie strahlte und gestikulierte, während sie mühsam ein Bein vor das andere setzte.

Ihr Enthusiasmus schien den Colonel in seinen Bann gezogen zu haben. Er suchte eine Möglichkeit, ihr zu helfen. Zuerst griff er nach ihrer Hand, dann legte er unbeholfen seinen Arm hinter sie, um ihren Rücken zu stützen.

Langsam schritten sie an meinem Fenster vorbei. Seine Sonnenbrille hatte er abgesetzt. Ganz kurz blickte er durch die Fensterscheibe hindurch in meine Richtung, und unsere Blicke trafen sich. Was ich sah, verblüffte mich. Der Colonel war ein Vater, genau wie ich! Es war ein denkwürdiger Augenblick der Erkenntnis.

Bis zu diesem Tag steht mir das Bild jenes Colonels vor Augen. Ich versuche immer noch zu begreifen, was in diesen Augenblicken geschehen ist, und daraus zu lernen. Ich habe nie ein Wort mit jenem Colonel gewechselt. Ich habe ihm nie die Hand gereicht. Ich weiß nicht, wer er war oder welche Rolle er in diesem Krieg spielte. Aber ich weiß, dass ich innerhalb kürzester Zeit ein Feindbild geschaffen hatte.

Lassen wir einmal alle anderen Faktoren außer Acht, angefangen von den sozialen Randbedingungen bis hin zu realer körperlicher Bedrohung. Am Ende ist ein Feind in unserem Herzen und unserem Geist verwurzelt, wird übermächtig und gewinnt soziale Bedeutung, sobald andere sich an der Erschaffung des Feindes beteiligen. Aus meiner eigenen Erfahrung habe ich gelernt, dass bestimmte entscheidende Schritte getan werden müssen, um einen Feind zu schaffen. Jeden dieser Schritte habe ich in der Geschichte vom Colonel vollzogen.

Wie man sich einen Feind erschafft

1. Sich selbst von der Person abspalten

Um ein Feindbild zu schaffen, muss ich mich selbst von dem anderen abspalten. In meinem Geist und verwurzelt in meinem Herzen fange ich an, bei einer anderen Person nicht die Ähnlichkeiten zu sehen, die wir teilen, sondern die Unterschiede zwischen uns, die ich als negativ identifiziere. Ich verbinde mit diesen Unterschieden ein negatives Urteil, eine Projektion, dass diese Person eine Bedrohung für mich und im Unrecht ist. Verborgen, unerforscht und unerkannt schlummert eine Frage in mir: die Frage, wer ich bin und was ich glaube. Es gibt einen kaum spürbaren, aber entscheidenden Zusammenhang zwischen dem Feind und meinem eigenen Selbstbild und meiner Identität. Wer ich bin, definiert sich über die Frage, wer ich nicht bin. Der Ursprung von Feindschaft liegt in einer Eigendefinition, die auf einer negativen Projektion in Bezug auf einen anderen basiert. Ich stelle mir vor, dass die andere Person durch und durch schlecht ist und ich durch und durch gut.

2. Sich selbst als überlegen ansehen

Ein zweites Phänomen geht Hand in Hand mit der Abspaltung. Ich fühle mich überlegen. Überlegenheit ist das qualitative Gegenteil dessen, was Jesus uns vorgelebt hat, der auf alles verzichtete (Philipper 2,7). Jesus, obwohl in Gestalt Gottes, fühlte sich nicht überlegen. Vielmehr erniedrigte er sich und nahm die Gestalt eines gewöhnlichen Menschen, sogar eines Sklaven an. Mit anderen Worten, es war ihm ein Anliegen, Mitgefühl zu äußern, indem er sich anderen gleich machte. Er war sich seiner Gleichheit bewusst und nahm sie an. In seinem Gegenüber konnte er sich erkennen. Er wollte den Platz eines Dieners einnehmen. Wenn ich mich überlegen fühle, dann bin ich der Meinung, dass ich mich von der anderen Person nicht nur unter-

Passen Sie auf, gegen wen oder was sich Ihr Hass richtet

Dies ist ein weiteres Paradox der Versöhnung. Wir müssen lernen, eine positive Identität von uns selbst oder unserer Gruppe zu entwickeln, die weder von der Kritik an anderen Personen oder Gruppen lebt noch von dem Gefühl, ihnen überlegen zu sein.

---

scheide, sondern besser bin als sie. Das ist die Geschichte der Fleischwerdung in umgekehrter Richtung. Obwohl ich die Gestalt eines gewöhnlichen Menschen habe, mit anderen auf einer Stufe stehe, erhebe ich mich über sie und nehme die Position Gottes ein. Ein Feindbild schaffen wir, wenn wir einerseits den Blick für unsere Gleichheit verlieren und andererseits dem Gefühl nachgeben, dass wir überlegen sind.

3. Der anderen Person ihre Menschlichkeit nehmen

Abspaltung und das Gefühl der eigenen Überlegenheit führen dazu, dass die andere Person, die anderen Personen, ihre Menschlichkeit verlieren. Ich nehme einem Menschen seine Menschlichkeit, wenn ich ihn der Eigenschaften beraube, die ihn zu einem Menschen machen. Ich beraube ihn der Tatsache, dass er im Bild Gottes erschaffen ist. Ich verliere den Anblick Gottes in seinem Gesicht. Ich sehe nicht mehr »das von Gott« in ihm. Um ein Feindbild zu schaffen, muss ich den anderen entmenschlichen und »entgöttlichen« in dem Sinne, dass ich das Bild Gottes in dieser Person verleugne.

Was innerhalb von wenigen Minuten in Bezug auf den Colonel in mir vorgegangen ist, trägt alle diese Elemente und Dynamiken in sich. Ich spaltete mich von ihm ab. Ich fühlte mich ihm moralisch überlegen. Ich empfand eine gewisse Rechtschaffenheit in Bezug auf mich. Ich war der Gute. Er war der Böse. Ich, der ich mich doch eigentlich um den Frieden bemühte, betrachtete ihn als Gegner, als Kriegstreiber. Er war weniger wert als ich. Moralisch stand ich über ihm.

Und dann traf es mich wie ein Blitz: Völlig unerwartet war die Menschlichkeit und Gott wieder da. In dem Colonel erkannte ich mich selbst. Damit hat Gott mich überrascht, und ich war zutiefst erschüttert: Der Colonel und ich waren uns so ähnlich.

In christlichen Kreisen rühmen wir uns, dass wir die Sünde hassen, aber den Sünder lieben. Ich bin der Meinung, dass es hier um einen viel komplexeren Sachverhalt geht, als es oberflächlich den Anschein hat. Durch eine solche Behauptung kommen Selbsttäuschung und Überlegenheit zum Ausdruck. Ich habe festgestellt, dass es ehrlicher ist, sich zu sagen: »Pass auf, gegen wen oder was sich dein Hass richtet. Du könntest feststellen, dass dein Hass deine Fähigkeit, zu sehen, beeinträchtigt wie eine Augenbinde. Sei aufmerksam für das, was du von dir selbst in anderen entdeckst. Liebe die Sünder und erkenne dich selbst in ihnen. Dort wirst du Gott finden.«

Meine Begegnung mit dem Colonel war ein innerer heiliger Ort, ein Punkt, den ich auf meiner Reise zur Versöhnung markiert habe. An jenem Tag auf dem Flughafen in Tegucigalpa ist mir Gott im brennenden Dornbusch erschienen. Diese Begegnung klingt immer noch in mir nach. Sie ist ein Sinnbild für das, was mich an meiner Arbeit besonders erschreckt.

Ich habe mit Menschen gelebt und gesprochen, die Opfer von Gewalt waren, aber auch Gewalt ausgeübt haben. Ich habe überzeugten Terroristen und Menschen, die andere gefoltert haben, die Hand gereicht. Ich habe mit selbst ernannten Machthabern zusammengesessen, die in ihrem Streben nach Macht keine Gnade zu kennen schienen. Ich habe Freiheitskämpfern zugehört, die sich gegen Ungerechtigkeit eingesetzt haben und mit Waffen für ihre Sache eingetreten sind. Was mich besonders erschreckt, ist nicht, wie anders ich bin, sondern dass ich in jedem von ihnen auch ein Stück von mir selbst erkenne.

Jedes Mal bringt mich die Erinnerung an den Colonel dazu, Gott in meinem Gegenüber zu suchen. Das mag durchaus nachvollziehbar sein, doch mir fällt es schwer, das zu praktizieren. Trotzdem ist dies meine Überzeugung: Ich kann kein Feindbild erschaffen, wenn ich »das von Gott« in einem anderen Menschen suche und finde.

In meinem Bestreben, Frieden zu schaffen, bringe ich Feinde zusammen, um Frieden und Versöhnung zu erreichen. Die Begegnung mit dem Colonel erinnert mich an eine schwierige Lektion: Ich selbst bin durchaus in der Lage, schnell und problemlos Feinde zu schaffen.

Der Schrei des Psalmisten

In weniger als einem Jahr durchlebte ich eine Vielzahl von Gefahren. Ich wurde beschuldigt, ein kommunistischer sandinistischer Spion zu sein. Das Leben meiner Tochter wurde bedroht. Ich hatte eine Reihe von Morddrohungen erhalten. Man hatte mich einen Hund der CIA genannt und mit Steinen beworfen. Diese Erfahrungen helfen mir jetzt, mehr als 25 Jahre später, zu begreifen, wie hautnah Menschen das Gefühl einer Bedrohung empfinden, wenn sie Gewalt erlebt haben, ob nun in einem Gefängnis in Nordirland, auf den Straßen von Mogadischu, wo Milizen ihre Autos anhalten, oder die Kriegswitwen in den abgelegenen Dörfern Nepals.

Ich stelle die misstrauische, paranoide Haltung jener vom Krieg Betroffenen nicht mehr in Frage. Ich weiß jetzt um die Paranoia eines Menschen, der Angst hat und hinter jedem Wort einen Doppelsinn vermutet und jeden anderen als mögliche Bedrohung ansieht.

Ich wundere mich nicht mehr darüber, dass eine Gruppe eine andere als reale Bedrohung ihrer Existenz einordnet. Ich weiß, wie es sich anfühlt, wenn man zu Unrecht beschuldigt, verhaftet und befragt wird.

Ich zweifle nicht länger an der Realität eines Zorns, der in Hass überfließt. Ich habe einen solchen Zorn selbst erlebt, und es ist nicht leicht, diesen Fluss hasserfüllter Gedanken aufzuhalten, wenn er erst einmal in Gang gekommen ist. Ich bin Gegenstand eines solchen Hasses gewesen, und keine rationalen

Argumente können die Sichtweise einer in Schmerz und Leid tief verwurzelten Wahrnehmung verändern.

Wenn ich die machtvollen, beinahe verbitterten Worte des Psalmisten höre, blende ich sie nicht mehr aus. In vielen Situationen auf unserer Erde fühle ich mich zu dem Schrei hingezogen, der aus einem zornigen Herzen aufsteigt. An die Stelle von rechtmäßiger Entrüstung ist ein Glaube getreten, der sich vertieft hat.

An viel zu vielen Orten auf unserer Welt habe ich die rauschenden Stromschnellen, die aus dem Schrei des Psalmisten entspringen, gesehen und gespürt. Versöhnung lässt sich nicht durch rationale Argumente erreichen und auch nicht, wenn Menschen sich in ihren Schmerz verschließen und ihn zu vergessen suchen. Versöhnung fordert, dass wir anwesend sind, dass wir das Leid, die Furcht und die Bitterkeit als gelebte Erfahrung von Gewalt respektieren und anerkennen.

Versöhnung bedeutet nicht, schnell zu vergeben und zu vergessen, als sei nie etwas geschehen oder als seien wir mit einer Form von Amnesie beschenkt worden. Versöhnung setzt voraus, dass wir uns *erinnern und verändern*, aber mit Ehrlichkeit in Bezug auf unsere Erfahrung und voller Neugier auf die Menschlichkeit des anderen, vor dem wir Angst haben. Nur so wird Versöhnung möglich. Ich bin überzeugt davon, dass Versöhnung die reale Erfahrung und die Tiefe des Verlustes jener berühren muss, die Gewalt erlebt haben und Befreiung und Gerechtigkeit suchen.

Impulse zur Vertiefung und Reflexion

Erstens: Beschreiben Sie auf einem Stück Papier Ihren Feind, indem Sie die folgenden Fragen so genau und aufrichtig wie möglich beantworten:

1. Welches ist die Motivation Ihres Feindes?
2. Welches sind seine Leidenschaften?
3. Was bezweckt er mit seinem Verhalten?
4. Was verachten Sie an ihm ganz besonders?
5. Welches sind die wichtigsten Unterschiede zwischen Ihnen und Ihrem Feind?
6. Was für ein Vater/eine Mutter, ein Bruder/eine Schwester/, ein Ehemann/eine Ehefrau und ein Freund/eine Freundin ist er?
7. Welchen positiven Beitrag leistet er für die Gesellschaft?

Zweitens: Bewerten Sie aufrichtig die Beschreibung, die Ihre Antworten auf diese Fragen ergeben.

1. Finden Sie heraus, inwiefern Sie sich von Ihrem Feind abgesetzt haben, indem Sie ihn zu allem gemacht haben, was Sie nicht sind.
2. Finden Sie heraus, inwiefern Sie sich Ihrem Feind überlegen fühlen (nicht anders, sondern besser als er).
3. Finden Sie heraus, wo Sie Ihrem Feind Eigenschaften aberkannt haben, die ihn zu einem Menschen machen.

Drittens: Laden Sie Ihren Feind (oder einen Stellvertreter Ihres Feindes) zum Kaffee ein. Dabei soll es nicht darum gehen, den Konflikt zu lösen oder selbst verstanden zu werden. Bemühen Sie sich vielmehr darum, seine Geschichte, seinen Schmerz und seine Sichtweise zu verstehen. Als Hilfe könnten die Fragen aus Schritt eins dienen. Schreiben Sie auf, was Sie erfahren haben, und wenn Sie allein sind, vergleichen Sie Ihre Notizen. Achten Sie auf die Unterschiede zwischen den zwei Beschreibungen.

KAPITEL 6

Wahrheit, Gnade, Gerechtigkeit und Friede: *Psalm 85*

EIN GROSSER TEIL MEINER ARBEIT konzentriert sich darauf, Friedensinitiativen in vom Krieg erschütterten Ländern zu unterstützen. Ich stelle fest, dass ich in diesen Zeiten sehr viel von meinen Brüdern und Schwestern und durch unsere gemeinsamen Erlebnisse lerne. Meine akademische Ausbildung im Bereich der Konfliktlösung mag umfangreicher sein, aber meine Kollegen an diesen Orten waten über viele Jahre hinweg durch den tiefen Sumpf des Leidens und gewaltsam auseinander gerissener Beziehungen und setzen sich unter schwierigen Bedingungen für den Frieden ein.

Von diesen Erfahrungen habe ich viel profitiert: Vor allem habe ich eine neue Sichtweise geschenkt bekommen. Für kurze Zeit bin ich in der Lage, die Dinge um mich herum ganz neu zu sehen. Durch die Augen anderer blicke ich über die Konfliktlösung hinaus auf die Versöhnung.

Ich sehe Versöhnung in der Art, wie meine Kollegen an diesen Orten ihr Leben angehen und sich den Herausforderungen stellen. Ihnen geht es nicht in erster Linie darum, bestimmte

Probleme zu lösen oder bei den Gesprächen ein bestimmtes Verhandlungsmodell anzuwenden. Sie sehen sich immer als Menschen, die in den unterschiedlichsten Beziehungen stehen – häufig lebenslange Beziehungen zwischen langjährigen Freunden, die zu Feinden geworden sind.

Vor allem anderen wollen sie ehrlich sein in ihrem Glauben und überlegen, was in diesen Beziehungen nötig ist. Ein Leiter kann in einer Minute eine pastorale und unterstützende Rolle ausüben und in der nächsten muss er eine ermahnende und prophetische Haltung einnehmen. Sie haben Feinden die Hände gereicht und mit ihnen gebetet. Sie haben Flüge gebucht und gemeinsame Essen geplant. Diese führenden Köpfe von Friedensinitiativen erinnern mich oft an ältere Geschwister, die sich um Streitigkeiten innerhalb der Familie kümmern, nicht an professionelle Mediatoren, die in einem Fall vermitteln wollen. Versöhnung bedeutet, das zerrissene Netz der Beziehung zu flicken.

Schwester Wahrheit, Bruder Gnade

Als ich mit Mitgliedern unseres Schlichtungsteams in den 1980ern in Nicaragua unterwegs war, wurden wir mehrfach gebeten, eine Versammlung einzuberufen und zu moderieren. Alle offiziellen Verhandlungen in Managua begannen mit Gebet und einem Bibeltext. Auch die unzähligen Dorfversammlungen an den Flüssen der Ostküste Nicaraguas wurden auf diese Weise eingeleitet.

In vielen dieser Zusammenkünfte las jemand Psalm 85 von Anfang bis Ende vor. In diesen poetischen Versen fleht der Psalmist zu Gott, bittet ihn um Erneuerung und Gnade. In dem Psalm geht es um ein Volk, das im Exil lebt und in sein Land zurückkehren und in Gottes Gunst wieder aufgenommen werden möchte. Darin finden wir die Bitte um Frieden, Gerechtigkeit und Wohlergehen. In Vers 11 werden vier Stimmen herbeigerufen und schaffen ein wunderschönes Bild.

Oft habe ich diesen Psalm auf Spanisch gehört, mit Worten, die sich von den englischen Übersetzungen unterscheiden. In der Übersetzung, die meine Aufmerksamkeit fesselte, sagt der Psalmist in Psalm 85,11:

> Gnade und Wahrheit sind einander begegnet.
> Gerechtigkeit und Frieden haben sich geküsst.
> *(Schlachter 2000)*

In diesen zwei kurzen Zeilen finden wir vier wichtige Konzepte und zwei aussagestarke Begriffspaare. Diese Begriffe tanzten durch meinen Sinn, während ich miterlebte, wie sich der Friedensprozess in Schüben entfaltete. Zum ersten Mal fiel mir auf, dass der Psalmist diese Begriffe gebrauchte, als wären sie lebende Personen. In dem Krieg in Nicaragua konnte ich ihre Stimmen hören, auch in jedem anderen Konflikt. Wahrheit, Gnade, Gerechtigkeit und Frieden waren keine theoretischen Begriffe mehr. Sie wurden zu Personen, und sie konnten reden.

Ich begann, diese vier Personen in meine Workshops zur Konfliktlösung mit einzubeziehen. Zuerst machte ich ein kleines Experiment mit Gemeindeleitern und Pastoren, die sich in Nicaragua in den lokalen Friedenskommissionen engagierten. Diese bewundernswerten Menschen des Friedens setzten sich ungeachtet der Gefahr für ihr Leben für die Versöhnungsarbeit auf lokaler Ebene ein und brachten in den Dörfern die sich bekämpfenden Seiten zusammen. Sie waren unbesungene Helden, bauten ihre Gemeinschaften wieder auf und waren Mitwirkende in vielen Friedensgeschichten, von denen niemand weiß.

In dem Workshop teilte ich die Gemeindeleiter und Pastoren in vier kleine Gruppen ein: Wahrheit, Gnade, Gerechtigkeit und Frieden. Ich bat jede Gruppe, den Begriff als Person zu sehen und dieser Person eine Frage zu stellen: Welches ist das erste Anliegen von Wahrheit (oder Gnade, Gerechtigkeit, Frieden) in einem Konflikt?

Jede Gruppe sollte dann eine Person aus ihrer Mitte wählen, welche jeweils die Rolle von Wahrheit, Gnade, Gerechtigkeit und Frieden übernehmen sollte. Den Rollenspielern stellte ich im Plenum einige Fragen. Sie sollten in der ersten Person antworten. Ich sprach sie an als »Schwester Wahrheit« oder »Bruder Gnade«. Sie antworteten dann zum Beispiel: »Ich bin Gerechtigkeit, und mir ist wichtig, dass …« Im nächsten Schritt eröffneten wir eine Diskussion und hielten eine kleine Mediationssitzung zwischen den vier Personen ab.

Im Laufe der Jahre habe ich diese Übung mit vielen verschiedenen Menschen und in den unterschiedlichsten Situationen durchgeführt. Jedes Mal verläuft sie anders. Die Erfahrungen und Sorgen der Menschen vermitteln einzigartige und verblüffende Erkenntnisse. Zum besseren Verständnis habe ich eine Geschichte aufgeschrieben, die als Theaterstück aufgeführt oder auch als Liturgie verwendet werden kann.[5]

Die Versammlung

In einem unangenehmen Konflikt hörte ich tief betrübt ständig Stimmen, die die Begriffe Wahrheit, Gnade, Gerechtigkeit und Frieden in den Mund nahmen. Argumente und Anschuldigungen flogen hin und her. Schließlich machte ich einen Vorschlag. »Wie wäre es«, fragte ich alle an dieser schrecklichen Auseinandersetzung Beteiligten, »wie wäre es, wenn wir unsere vier Freunde einladen und sie bitten würden, ihre Ansichten zu diesem Konflikt offen zu diskutieren?«

5 Eine Version dieser Geschichte findet sich ab Seite 203.

Verschanzt hintern ihren gerechten Positionen, starrten mich die Anwesenden an. Dieser Vorschlag war absurd. Doch ich sprach weiter, ohne ihnen Beachtung zu schenken. »Bei anderen Auseinandersetzungen habe ich sie kommen und gehen sehen. Ich könnte sie bitten zu versuchen, ein paar Dinge zu klären.«

Niemand erhob Einwände, und so holte ich Wahrheit, Gnade, Gerechtigkeit und Frieden in unseren Raum und setzte sie vor die kampfeslustige Menge. Ich sprach die Vier an. »Wir möchten wissen, was jedem von euch in einem Konflikt besonders am Herzen liegt. Wollt ihr uns eure Ansichten mitteilen?«

Wahrheit erhob sich als Erste und ergriff das Wort. »Ich bin Wahrheit«, sagte sie. »Ich bin wie ein Licht, das leuchtet, damit alle es sehen. In einem Konflikt möchte ich ans Licht bringen, was tatsächlich geschehen ist, es offen legen. Nicht die verwässerte Version. Keine Teilerzählung. Meine Helferinnen sind Transparenz, Ehrlichkeit und Klarheit. Ich hebe mich von meinen drei Kollegen hier ab«, Wahrheit deutete auf Gnade, Gerechtigkeit und Frieden, »weil sie mich zuerst und vor allem brauchen. Ohne mich können sie nicht weitermachen. Wenn ich gefunden bin, mache ich die Menschen frei.«

»Schwester Wahrheit«, unterbrach ich zögernd, da ich ihre Integrität nicht in Frage stellen wollte, »du weißt, dass ich schon viele Konflikte erlebt habe. Es gibt einen Punkt, der mich brennend interessiert. Wenn ich mit einer Seite rede, zum Beispiel mit diesen Leuten dort drüben, dann behaupten sie, dass du bei ihnen bist. Rede ich dann mit den anderen, zum Beispiel unseren Freunden dort drüben, behaupten sie auch, du seist auf *ihrer* Seite. In diesen schmerzhaften Auseinandersetzungen scheinst du zu kommen und zu gehen. Gibt es nur eine Wahrheit?«

»Es gibt nur eine Wahrheit, aber ich kann auf unterschiedliche Weise erlebt werden. Ich wohne in jedem Menschen, doch niemand besitzt mich.«

»Wenn es so wichtig ist, dich zu entdecken«, fragte ich Schwester Wahrheit, »warum bist du so schwer zu finden?«

Sie dachte kurz nach, bevor sie zu einer Antwort ansetzte. »Ich kann nur dort erscheinen, wo die Suche aufrichtig und authentisch ist. Ich trete nur vor, wenn jede Person den anderen mitteilt, was sie von mir weiß, und wenn jeder Einzelne die Stimmen der anderen respektiert. Wo ich vor anderen vorgeführt werde wie eine Marionette auf einer Bühne, werde ich missbraucht und zerschlagen, und ich verschwinde.«

»Wen von diesen drei Freunden«, ich deutete auf die drei Kollegen, die neben ihr saßen, »fürchtest du am meisten?«

Ohne zu zögern deutete sie auf Gnade. »Ihn fürchte ich«, erwiderte sie leise. »In seiner Eile zu heilen dämpft er mein Licht und meine Klarheit. Er vergisst, dass Vergebung *unser* Kind ist, nicht seines allein.«

Anschließend wandte ich mich an Gnade. »Ich bin sicher, du hast einiges zu sagen. Was liegt dir am Herzen?«

Gnade erhob sich langsam und sagte: »Ich bin Gnade.« Er schien mit einer Bitte beginnen zu wollen, als wüsste er, dass er von allen anderen einer besonderen Prüfung unterzogen würde. »Ich bin der Neuanfang. Mir sind die Menschen und ihre Beziehungen wichtig. Annahme, Mitgefühl und Unterstützung stehen an meiner Seite. Ich weiß um die Zerbrechlichkeit des Menschen. Wer von ihnen ist schon vollkommen?«

Er wandte sich an Wahrheit und sprach weiter, den Blick fest auf sie gerichtet. »Sie weiß, dass ihr Licht Klarheit bringen kann, aber viel zu häufig blendet es und verbrennt. Welche Freiheit gibt es ohne Leben und Beziehung? Vergebung ist unser Kind, das ist richtig, aber nicht, wenn Menschen von oben herab in Demütigung und Schmerz über ihre Unvollkommenheiten und Schwächen geknüppelt werden. Unser Kind Vergebung kam auf die Welt, um Heilung anzubieten.«

Ich konnte nicht widerstehen und stellte eine Frage, die mir auf der Seele lag: »Aber, Bruder Gnade, ist es nicht so, dass du in deinem Bestreben, anzunehmen, zu unterstützen und voranzuschreiten, das Kind abtreibst?«

Er reagierte schnell. »Ich dämpfe nicht das Licht von Wahrheit. Ihr müsst verstehen. Ich bin Gnade. Mein Fundament ist unerschütterliche Liebe, die das Leben selbst trägt. Mein Ziel im Leben ist es, die ewige Gnade des Neuanfangs zu fördern.«

»Und wen fürchtest du am meisten?«, fragte ich.

Gnade wandte sich zu Gerechtigkeit um und sagte nachdrücklich: »Mein Bruder Gerechtigkeit vergisst in seinem Bestreben zu verändern und Dinge in Ordnung zu bringen, dass seine Wurzeln in realen Menschen und Beziehungen liegen.«

»Also, Bruder Gerechtigkeit«, sagte ich, »was hast du zu sagen?«

»Ich bin Gerechtigkeit«, antwortete er und erhob sich. Er sprach mit fester Stimme, und ein Lächeln umspielte seine Mundwinkel. »Gnade hat Recht. Mir ist es wichtig, Dinge in Ordnung zu bringen. Ich betrachte mich als eine Person, die über das Oberflächliche hinaus auf die Themen schaut, die den Streit ausgelöst haben. Die Wurzeln der meisten Konflikte sind in Ungleichheit, Gier und Fehlverhalten zu finden.

Ich stehe an der Seite von Wahrheit, die ihr Licht verströmt, um die Wege des Fehlverhaltens aufzudecken. Meine Aufgabe ist es, sicherzustellen, dass etwas unternommen wird, um den angerichteten Schaden wieder gut zu machen, vor allem an den Opfern und den Unterdrückten. Wir müssen die Beziehung in Ordnung bringen, aber niemals, solange wir nicht anerkannt und richtig gestellt haben, woran die Beziehung zerbrochen ist.«

Eine Frage ging mir durch den Kopf, und ich musste sie einfach stellen. »Aber, Bruder Gerechtigkeit, alle in diesem Raum haben das Gefühl, dass ihnen Unrecht getan wurde. Die meisten sind bereit, ihre Handlungsweisen zu rechtfertigen, sogar Gewalt auszuüben, auf deine Einladung hin. Stimmt das nicht?«

»Das stimmt allerdings«, erwiderte Gerechtigkeit. »Die meisten verstehen es nicht.« Er hielt inne und dachte kurz nach.

»Seht ihr, Verantwortlichkeit ist mir sehr wichtig. Oft sind wir der Meinung, dass alles akzeptabel ist. In authentischen und verbindlichen Beziehungen gibt es aufrichtige Liebe und beständige Liebe. Liebe ohne Verantwortlichkeit ist nicht mehr als ein Wort. Liebe mit Verantwortlichkeit bedeutet verändertes Verhalten und Handeln. Dies ist die eigentliche Bedeutung von Erneuerung. Mein Ziel ist es, die Begriffe mit Bewegung und verantwortlichem Handeln zu füllen.«

»Und vor wem hast du Angst?«, fragte ich.

»Vor meinen Kindern«, lachte er, während er an seine jahrelangen Erfahrungen zurückdachte. »Ich habe Angst, dass meine Kinder Gnade und Frieden sich als Eltern sehen.« In seiner Stimme lag ein Anflug sanfter Provokation. »Doch eigentlich sind sie die Frucht meiner schweren Arbeit.«

Friede begann über das ganze Gesicht zu strahlen. Bevor ich das Wort ergreifen konnte, trat sie vor. »Ich bin Friede, und ich stimme mit allen dreien überein«, begann sie. »Ich bin das Kind, das sie zur Welt bringen, die Mutter, die in den Wehen liegt, um ihnen Leben zu schenken, und der Ehepartner, der sie auf dem Weg begleitet. Ich halte die Gemeinschaft zusammen, mit Hilfe von Sicherheit, Respekt und Wohlergehen.«

Wahrheit und Gerechtigkeit begannen zu protestieren. »Genau das ist das Problem«, bemerkte Wahrheit frustriert. »Du hältst dich für größer und bedeutender als wir anderen.«

»Arroganz!« Gerechtigkeit deutete mit dem Finger auf Frieden. »Du nimmst nicht den Platz ein, an den du gehörst. Du kommst hinter uns her, gehst uns nicht voraus.«

»Das stimmt, Bruder Gerechtigkeit und Schwester Wahrheit«, erwiderte Friede. »Ich finde besseren Ausdruck durch und nach euch beiden. Aber es stimmt auch, dass ohne mich kein Raum da ist, um Wahrheit anzuhören.«

Friede wandte sich Gerechtigkeit zu. »Und ohne mich gibt es keinen Weg, aus dem Teufelskreis von Anklage, Bitterkeit und Blutvergießen auszubrechen. Du selbst, Gerechtigkeit, kannst ohne meine Anwesenheit nicht wirklich Gestalt annehmen. Ich bin vorher und nachher. Es gibt keinen anderen Weg, mich zu erreichen. Ich bin selbst der Weg.«

Stille senkte sich über den Raum.

»Und vor wem hast du Angst?«, fragte ich.

»Nicht vor wem, sondern wovor«, erwiderte Frieden. »Ich fürchte Manipulation. Ich fürchte die Manipulation von Menschen, die Schwester Wahrheit für ihre eigenen Zwecke missbrauchen. Einige ignorieren sie, andere setzen sie als Peitsche ein, einige behaupten, sie zu besitzen. Ich fürchte die Gelegenheiten, wo Bruder Gerechtigkeit für Bruder Gnade geopfert wird. Ich fürchte die blinde Manipulation, bei der einige das Leben selbst opfern, um das Ideal von Bruder Gerechtigkeit zu erreichen. Bei solchen Betrügereien wird mir Gewalt angetan, und ich bleibe als leere Schale zurück.«

Ich richtete meine Aufmerksamkeit auf alle vier. »Wie könntet ihr vier euch denn treffen? Was würdet ihr voneinander brauchen?«

Wahrheit blickte zuerst zu Gnade hinüber. »Du musst einen Gang herunterschalten, Bruder Gnade. Gib mir die Gelegenheit, in Erscheinung zu treten. Unser Kind kann ohne die langsame Entwicklung im Mutterleib nicht geboren werden.«

Gnade nickte. »Scheine hell, liebe Schwester Wahrheit. Aber bitte achte darauf, dass du nicht blendest und verbrennst. Denke daran, dass jede Person ein Kind Gottes ist. Jeder ist schwach und braucht Hilfe, um zu wachsen.«

Voller Eifer meldete sich Gerechtigkeit zu Wort. »Die Worte von Schwester Friede haben mich ein wenig beruhigt. Ich brauche eine klare Aussage, dass sie Raum gibt für Verantwortlichkeit und Handeln. Ihr wisst doch sicher, was Micha zu uns gesagt hat? ›Recht tun und Liebe üben‹ (*Schlachter 2000*). Du, Schwester Frieden, musst mir Raum geben, in Erscheinung zu treten. Wenn nicht, wirst du abgetrieben werden.«

Friede antwortete spontan auf seine letzten Worte. »Bruder Gerechtigkeit, unsere Lippen werden sich berühren, wenn wir anerkennen, dass wir einander brauchen. Lass nicht zu, dass das Mitgefühl in deinem Herzen sich in Bitterkeit verwandelt, die planlos wütet. Ich werde dir den Boden bereiten, dass du arbeiten und Frucht bringen kannst.«

Die vier kauerten sich in einen kleinen Kreis zusammen. »Und wie«, fragte ich, »nennt sich dieser Ort, an dem ihr zusammensteht?«

»Dieser Ort«, erwiderten sie wie mit einer Stimme, »ist die *Versöhnung*.«

Ganz unvermittelt und ohne Aufforderung packten sie sich an den Händen und begannen zu tanzen. Es war, als ob der Tanz nur selten aufgeführt würde, als würden sich Linien und Leiber um einen Maibaum winden. Als sie durch den Raum tanzten, konnte ich einen vom anderen kaum unterscheiden. Keiner sagte ein Wort. Keine Musik war zu hören, nur das Bild der ineinander verschlungenen Körper von Wahrheit, Gnade, Gerechtigkeit und Frieden.

Raum für alle, Gehör zu finden

Diese Erfahrung in Nicaragua und Jahre des Nachdenkens und Experimentierens mit Psalm 85 haben mir wichtige Erkenntnisse in Bezug auf Versöhnung vermittelt. Wie in der Geschichte von Jakob und Esau bereits herausgearbeitet wurde, wird in Psalm 85 bestätigt, dass Versöhnung eine Reise ist, die wir unternehmen müssen, ein Ort, den wir zu erreichen suchen, und Begegnungen auf dem Weg.

Der Psalmist bestärkt eine neue und tiefere Einsicht in die Vorstellung von Versöhnung als einem Treffpunkt. Mit diesen Geschichten erforschen wir Versöhnung als einen Ort, an dem wir uns selbst, anderen und Gott begegnen. Psalm 85 zeigt Versöhnung als einen dynamischen sozialen Raum, wo unterschiedliche, aber voneinander abhängige soziale Energien und Anliegen zusammengebracht werden und eine Stimme bekommen.

Versöhnung fordert von uns, dass wir uns daranmachen, den *dynamischen sozialen Raum* zu schaffen, in dem Wahrheit, Gnade, Gerechtigkeit und Friede sich begegnen, ohne sich verstellen zu müssen, und die Probleme ausdiskutieren können, ähnlich wie Jakob in der langen Nacht. Wir experimentieren mit verschiedenen Vorgehensweisen und Mechanismen, die diesem Ziel dienen.

In einem Konflikt sehen wir diese sozialen Energien – wir denken sie uns als vier Geschwister – zu oft als gegensätzliche Kräfte, die durch unterschiedliche Personen in dem Konflikt vertreten werden. Wir stellen uns vor, sie würden gegeneinander antreten. Diejenigen, die nach Wahrheit und Gerechtigkeit schreien, sind die Gegner derer, die für Gnade und Frieden plädieren, und sie verstehen sich selbst oft auch so.

Die Vision des Psalmisten ist eine andere. Versöhnung ist nur möglich, wenn jeder den Stellenwert und die Notwendigkeit der anderen anerkennt. Dieser Ansatz bedeutet, dass jede Stimme und die soziale Energie, die von ihr ausgeht, ohne die andere unvollständig ist.

Was bedeutet dies nun ganz praktisch? Wir müssen auf die unterschiedlichen Energien, die durch die Stimmen von Wahrheit, Gnade, Gerechtigkeit und Frieden repräsentiert werden, achten und ihnen Raum geben. Wenn diese Stimmen als gegensätzliche Kräfte erlebt werden, stecken wir im Sumpf des sich ausweitenden Konflikts fest und werden dadurch gelähmt. Wir überlegen endlos hin und her, was wichtig, gerechtfertigt oder angemessen ist.

Wenn sich diese vier Stimmen in unseren Ohren widersprechen, geraten wir in die Zwickmühle, dass wir uns für eine von ihnen entscheiden müssen. Es ist, als würden wir einen Boxkampf erleben, bei dem es nur Gewinner und Verlierer gibt. Eine solche Tunnel-Sichtweise hilft natürlich nicht. Wir sollten nicht zwischen Regen oder Sonnenschein entscheiden müssen. Jedes Wetter ist unterschiedlich, wird aber gebraucht, um Leben und Wachstum sicher zu stellen. So ist das auch bei Wahrheit und Gnade, Gerechtigkeit und Friede.

Psalm 85 zeigt, dass ein Konflikt offenbarendes und versöhnendes Potential hat, wenn die vier unterschiedlichen Energien zusammengeführt werden. Wir müssen anerkennen, dass ihre Anliegen rechtmäßig sind, wir müssen ihnen eine Stimme geben, auf ihre Ängste und Bedürfnisse reagieren und zu einem offenen Austausch kommen. Das ist besser, als sie als Gegner in einen Boxring einzusperren. Wenn alle zu Wort kommen, wird keiner in den Untergrund getrieben oder muss zu extremen Mitteln greifen. Wenn wir einen Konflikt so anpacken, zeigt Gott uns den Weg zur Versöhnung.

Lassen Sie uns den sozialen Raum schaffen, der Wahrheit, Gnade, Gerechtigkeit und Friede in einer zerstrittenen Gruppe zusammenführt. Dann kristallisieren sich Energien heraus, die ein tieferes Verständnis und unerwartete neue Wege zu Erneuerung und Versöhnung schaffen.

Impulse zur Vertiefung und Reflexion

Sprechen Sie mit einem vertrauenswürdigen Freund, mit dem Sie einen versöhnten Konflikt erlebt haben, über die Begegnung von Wahrheit, Gnade, Gerechtigkeit und Frieden, die der Autor anbietet. Beginnen Sie, indem Sie den Konflikt, der entstanden ist und aufgearbeitet wurde, noch einmal Revue passieren lassen. Stellen Sie sich gegenseitig die folgenden Fragen:

Wahrheit: Was ist tatsächlich geschehen und wie hast du die Auswirkungen erlebt?

Gnade: Wie hat das, was geschehen ist, dein Verständnis von mir beeinflusst (Absicht, Wert, etc.)? Inwiefern hat das, was du über mich gehört hast, deine Einstellung zu mir geprägt? Wie hat das unsere Beziehung gestört?

Gerechtigkeit: Wie hat »Gerechtigkeit« aus deiner Perspektive ausgesehen, als wir noch nicht versöhnt waren? Wie sah die Gerechtigkeit aus, nach der du dich gesehnt hast?

Friede: Welche Entscheidung hast du getroffen, die dich aus dem Teufelskreis, dich zum Opfer zu machen und mir mein Menschsein zu nehmen, herausgeholt hat?

KAPITEL 7

Wo zwei oder drei zusammenkommen: *Matthäus 18*

IN DEN SONNTAGS- UND MITTWOCHABENDGOTTESDIENSTEN meiner Kindheit hörte ich als Predigerkind in Oregon den bekannten Vers 20 aus dem 18. Kapitel des Matthäusevangeliums so oft, dass ich ihn auswendig kenne: »Denn wo zwei oder drei versammelt sind in meinem Namen, da bin ich mitten unter ihnen.« Jahre später begegneten mir diese Verse erneut auf dem »Missionsfeld«, bei kleinen, jungen Gemeinden in unterschiedlichen Teilen der Welt. Ich glaube, dies ist der meistzitierte Vers aus Matthäus 18.

Dieser Vers wird ziemlich durchgängig in allen kulturellen und geografischen Zusammenhängen angeführt, um eine kleine Versammlung zur Anbetung zu ermutigen, im Sinne von: »Hey, ist doch egal, wenn wir nur wenige sind. Lasst den Mut nicht sinken. Gott ist bei uns.«

Das stimmt. Es sind keine großen Menschenmengen nötig, damit Gott da ist. Gott ist bei mir, auch wenn ich ganz allein bin. Aber was bedeutet dieser Vers im Kontext von Matthäus 18? Wird er im Zusammenhang des gesamten Abschnitts verstanden, ergibt sich eine ganz andere Bedeutung. Es geht nicht um die Ermutigung einer kleinen Gemeinschaft. In diesem Abschnitt wird ein Konflikt beschrieben.

In Matthäus 18 geht es um Konflikte. Denken Sie einen Augenblick über den Inhalt nach. Das Kapitel beginnt mit der Frage der Jünger: »Wer ist doch der Größte im Himmelreich?« (Matthäus 18,1). Die Frage der Jünger hat mit Status und Macht zu tun. Wer wird höher stehen als der andere? Wer wird das größere Ansehen haben? Denken Sie einmal einen Augenblick über Ihre eigenen Erfahrungen mit Organisationen, Kirchenstrukturen, Regierungen und Ähnlichem nach. Konflikte wegen Macht und Status gibt es zuhauf.

Am Ende des Kapitels erzählt Jesus das Gleichnis vom unversöhnlichen Knecht. Da ist ein Mann, der dem König eine große Geldsumme schuldet. Der Schuldner fleht um Gnade und Geduld. Der König, so erfahren wir, hat Mitleid und erlässt ihm die ganze Schuld. Minuten später begegnet dieser zufällig einem Nachbarn, der ihm eine vergleichsweise geringe Geldsumme schuldet. Der Knecht, dem die Schuld erlassen wurde, geht seinem Schuldner an die Kehle und fordert sein Geld ein. Der Freund bittet um Gnade, aber ohne Erfolg. Als der König davon

---

Matthäus 18,15–20 – *der biblische Text*

Sündigt aber dein Bruder an dir, so geh hin und weise ihn zurecht zwischen dir und ihm allein. Hört er auf dich, so hast du deinen Bruder gewonnen. Hört er nicht auf dich, so nimm noch einen oder zwei zu dir, damit jede Sache durch den Mund von zwei oder drei Zeugen bestätigt werde. Hört er auf die nicht, so sage es der Gemeinde. Hört er auch auf die Gemeinde nicht, so sei er für dich wie ein Heide und Zöllner.

Wahrlich, ich sage euch: Was ihr auf Erden binden werdet, soll auch im Himmel gebunden sein, und was ihr auf Erden lösen werdet, soll auch im Himmel gelöst sein. Wahrlich, ich sage euch auch: Wenn zwei unter euch eins werden auf Erden, worum sie bitten wollen, so soll es ihnen widerfahren von meinem Vater im Himmel. Denn wo zwei oder drei versammelt sind in meinem Namen, da bin ich mitten unter ihnen.

erfährt, wirft er den Mann, dem er seine ganze Schuld erlassen hat, ins Gefängnis, weil der kein Erbarmen zeigte.

Im Zentrum des Konfliktes stehen Geld und Zahlungsfristen. Erinnert uns das nicht an die Konflikte in der Gemeinde wegen Geld, Schulden und Zahlungsfristen? Am Anfang von Kapitel 18 stehen Macht und Ansehen, am Ende Geld. Das ganze Kapitel handelt von banalen, menschlichen, beziehungsbezogenen Antriebskräften, die die Ursache der meisten Konflikte sind.

Praktische Richtlinien

In diesen interessanten Versen finden wir eine direkte und praktische Lehre Jesu. Sie geben uns eine konkrete Anleitung für unser Vorgehen, wenn wir das Gefühl haben, dass uns Unrecht getan wurde oder dass eine Schwester oder ein Bruder einen falschen Weg eingeschlagen hat.

Beim Nachdenken über diese Verse habe ich als Nicht-Theologe gewisse Einschränkungen, aber auch Vorteile. Von meiner Ausbildung her bin ich Soziologe. Ich achte beim Lesen auf Struktur und Dynamiken sozialer Prozesse und die geistliche Dimension, die diesen Prozessen zugrunde liegt. Jedoch verfüge ich nicht über das theologische Handwerkszeug für den Umgang mit einem biblischen Text; bitte behalten Sie das im Hinterkopf, wenn Sie sich mit meinen Beobachtungen auseinandersetzen.

Ich verstehe den Satz »Sündigt aber dein Bruder« als grundsätzliche Aussage (mit Bezug auf jede Sünde, nicht nur wenn gegen dich gesündigt wird). Das ist gerechtfertigt, denn die Formulierung »gegen dich« (18,15) fehlt in den älteren griechischen Texten, wie Theologen mir versichert haben. Petrus scheint in erster Linie besorgt zu sein um jemanden, der »gegen mich« (18,21) sündigt. Aber ich denke, Jesus war es wichtig, jedes Mitglied der Gemeinde, das sündigt, sanft zur Erneuerung zu führen (wie in Matthäus 7,5; Lukas 17,3; vergleiche auch Galater 6,1; 3. Mose 19,17; Hesekiel 3,16–21).

In den meisten Konflikten, und vor allem in Konflikten zwischen Gemeindemitgliedern, hat fast jeder Beteiligte das Gefühl, dass ihm Unrecht getan wurde. Vor allem wenn der Konflikt an Fahrt aufgenommen hat oder eskaliert ist, ist das der Fall, habe ich festgestellt.

Hier in Matthäus 18 möchte ein Gemeindemitglied ein anderes, das seiner Meinung nach falsch gehandelt hat, korrigieren. Nach meinem Verständnis implizieren die Worte »sündigt (gegen)«, dass ein Konflikt im Entstehen ist. Ich möchte etwas ausführlicher auf diese Verse eingehen, um zu sehen, was sie über unser Verständnis eines Konflikts und unsere Reaktion darauf aussagen.

Als Soziologe, dessen Glaube die Grundlage seiner Arbeit ist, drängen sich mir mehrere Fragen auf. Wie genau können uns die aufgezeigten Schritte eine Hilfe sein, wenn wir über einen Konflikt nachdenken und ihn lösen wollen? Welche Annahmen liegen diesen Schritten zugrunde? Welche Ziele sind zu erreichen? Welche Dynamiken in Bezug auf Beziehungen und den Umgang mit Konfrontationen lassen sich erkennen?

Welche Fähigkeiten setzt Jesus voraus? Vor welche Herausforderungen stellt uns dieser Ansatz? Ist dieses Vorbild für alle Situationen und Kulturen geeignet? Wie sieht unser tatsächliches Verhalten im Vergleich zu den vorgeschlagenen Richtlinien aus? Was sind am Ende die Erkenntnisse, die wir aus seinen Anleitungen zum Umgang mit einem Konflikt gewinnen? Ich beginne mit vier grundlegenden Beobachtungen.

Erstens: Im Kontext dieses Kapitels und bei diesen speziellen Anleitungen geht es in erster Linie darum, auf eine Versöhnung hinzuarbeiten. Es ist eine Aufforderung an uns, uns für die Erneuerung und Heilung von Menschen und ihren Beziehungen einzusetzen.

Zweitens: Meiner Meinung nach sind dies einige der konkretesten und praktischsten Anleitungen, die wir in allen Lehren Jesu finden. Er spricht nicht in Gleichnissen oder gibt uns allgemeine Prinzipien. Er hat vier spezielle Schritte in detaillierter Ordnung beschrieben.

Drittens: Dies ist eine der wenigen Stellen, an denen Jesus ganz spezifisch die Gemeinde oder die organisierte Gemeinschaft erwähnt. Als solche beschreibt diese Textstelle konkrete Schritte, wie man in einer erlösten, friedlichen Gemeinschaft mit Differenzen, Konfrontationen und Konflikten umgehen soll.

Viertens: Auch wenn Jesu Lehre an dieser Stelle sehr praktisch wird, werden die hier genannten Schritte selten in die Praxis umgesetzt. Es gibt kaum eine Lehre im Neuen Testament, die

---

Matthäus 18,15–20 – *nach der üblichen Vorgehensweise*

Wenn du ein Problem mit einem anderen in der Gemeinde hast, überprüfe zuerst, ob du mit diesem Problem allein bist. Es ist gut möglich, dass auch ein anderer dasselbe Problem mit dieser Person hat. Geh und wähle einen guten Freund aus, von dem du annimmst, dass er dich vermutlich versteht und mit dir einer Meinung ist. Wenn er dir zustimmt, dass diese Person wirklich unmöglich ist, dann rede mit einigen anderen Leuten, um zu sehen, ob es noch eine breitere Zustimmung gibt. Geht es um Geld, Land oder Erbe, sprich mit einem Rechtsanwalt, denn Rechtsanwälte sind von Gott geschenkt, damit die Gemeinde ehrlich bleibt. Wenn ein Freund, eine kleine Gruppe und ein Rechtsanwalt dir zustimmen, dann erzähle es der Gemeinde, vorzugsweise dem Pastor und den Ältesten, im Vertrauen. Wenn du mit ihnen darüber sprichst, mach deutlich, dass es ein Anliegen ist, das du schon eine Weile im Gebet vor Gott gebracht hast, und dass es eine Gruppe von Menschen gibt, die deine Sorge teilen. Sprich nicht öffentlich in einer Gemeindeversammlung darüber, da dies nicht angebracht wäre und unangenehm ausgehen könnte. Wahrlich, ich sage dir, von diesem Punkt an liegt das Problem im Verantwortungsbereich des Pastors und der Ältesten. Deine Aufgabe ist es, darauf zu achten, dass sie es richtig lösen.

seltener angewendet wird. Ich möchte das illustrieren, indem ich die Verse 15–20 aus Matthäus 18, einmal nach der üblichen Vorgehensweise wiedergebe (Seite 114).

Der Vergleich der Version nach üblicher Vorgehensweise mit der Lutherübersetzung zeigt, auf welche Weisen wir dem Konflikt ausweichen wollen und ihn gerade dadurch auf die ganze Gemeinschaft ausweiten. Wir umgehen die von Jesus genau beschriebenen Vorgehensweisen, die Verbindlichkeit und eine Hinwendung zu dem Konflikt und dem anderen zur Folge haben. Wir wollen uns nun jeden dieser Schritte und seine Konsequenzen etwas genauer ansehen.

Schritt 1: Direkter Ansatz

Diese Anregung erscheint logisch und auf der Hand zu liegen. Doch mit der betreffenden Person offen über das Problem zu reden, fällt uns in unseren zwischenmenschlichen Beziehungen nicht leicht. Meist ist es so, dass Leute, die Anlass zur Beschwerde haben, das Problem nach außen tragen und somit Dritte in die Situation hineinziehen. Obwohl es doch eigentlich leicht sein müsste, den Bruder oder die Schwester direkt anzusprechen, sind dazu eine Reihe von wichtigen Voraussetzungen und Annahmen notwendig. Um diese zu verstehen, müssen wir die sozialen, psychologischen und geistlichen Dimensionen einer genauen Prüfung unterziehen.

Vom sozialen und psychologischen Standpunkt aus gesehen erfordert ein direktes Gespräch über ein Problem, das ich mit einem anderen habe, eine zweifache Bewegung. Zuerst muss ich anfangen, mich mit meinen eigenen Gefühlen, Ängsten und Wahrnehmungen auseinanderzusetzen. Zweitens muss ich mich auf die Auseinandersetzung mit dieser anderen Person einstellen. Dies gehört zum dynamischen und faszinierenden Wesen des Konflikts: Er stellt immer eine Reise dar, eine Begegnung mit sich selbst und mit anderen.

In einem Konflikt prallen wir auf uns selbst und auf den anderen. Genau das ist der Grund, warum der direkte Ansatz ein so komplexer Prozess ist. Zu den wichtigsten Schritten gehören die folgenden.

Erstens: Zum direkten Ansatz gehört implizit, wenn nicht sogar explizit, die Selbstreflexion. Unser Selbstwertgefühl wird in Frage gestellt. Aus einer solchen Begegnung mit unserem eigenen Ich wächst ein Bewusstsein, das häufig beeinflusst ist durch unsere Erfahrungen, Wahrnehmungen und Gefühle. Trotzdem ist dieses Bewusstsein da. Bei der Begegnung mit unserem eigenen Ich entscheiden wir, wie wir auf die Gelegenheit zur Reflexion, die sich uns durch den Konflikt bietet, reagieren und ob wir uns darauf einlassen wollen.

Wenn wir zum Beispiel eher defensiv veranlagt sind, bedeutet das in der Regel, dass wir uns unsicher fühlen. Wir reagieren auf die hereinkommenden Informationen und die Ängste, die sie hervorrufen. Schuldzuweisung ist häufig ein Mechanismus zur Vermeidung dieser Ängste. Wir projizieren sie auf die andere Person. Wenn wir den direkten und konstruktiven Ansatz wählen, müssen wir die Aufgabe erkennen, vor die dieser Ansatz uns stellt. Wir müssen offen sein für neue Informationen und Wahrnehmungen und uns mit der Quelle unserer Ängste und Sorgen auseinandersetzen. Wir müssen auf unsere Ängste zugehen und sie ausdrücklich annehmen.

Zweitens: Durch den direkten Ansatz entscheiden wir uns, auf

Fragen an uns selbst

In einem Konflikt setzen wir uns unablässig mit zwei Arten von Fragen zu den Personen auseinander, die wir als unsere »Gegner« wahrnehmen:

1. Was haben sie vor?
Warum tun sie das? Was brauchen und wollen sie? Haben sie recht? Sind sie gute Menschen? Welche Einstellung haben sie zu mir?

2. Welche Auswirkungen hat das auf mich?
Wer bin ich? Habe ich recht? Bin ich ein guter Mensch? Was brauche ich? Was habe ich vor? Welche Einstellung habe ich zu ihnen?

---

andere Menschen zuzugehen. Nicht selten bedeutet das, sich auf die Quelle unserer Ängste zuzubewegen. Das ist kompliziert, weil wir zwei Dinge gleichzeitig tun müssen: Wir müssen uns selbst definieren und mit anderen umgehen. Beide Schritte sind eine große Herausforderung und beinhalten mögliche Fallstricke.

Geistliche Übungen für Versöhnung

Geistliche Übungen, die uns befähigen, diesen ersten Schritt aus Matthäus 18 tun zu können:

1. Eine vom Gebet getragene Verletzbarkeit bedeutet, dass wir es wagen, in uns selbst hineinzuschauen, einen Blick zu werfen auf die Quelle unserer Ängste und Sorgen. Wir bemühen uns um ein Verständnis, das über normale menschliche Fähigkeiten und Reaktionen hinausgeht. Eine solche Praxis kann nur entstehen, wenn wir begreifen, dass uns der Konflikt die Gelegenheit zur Reflexion und zum Wachstum bietet, selbst wenn wir uns bedroht und in die Enge getrieben fühlen.

Vom Gebet getragene Verletzbarkeit schafft ein Bewusstsein, das auf der Offenheit anderen und Gott gegenüber basiert. In diesem Bewusstsein kann ich Erkenntnisse gewinnen über mich selbst und brauche mich nicht zu verteidigen. Ich fühle mich der anderen Person nicht mehr überlegen, sondern finde mein Spiegelbild in dem anderen und in beidem Gott.

Auf diese Weise fängt die vom Gebet getragene Verletzbarkeit die höchst proaktiven Elemente mennonitischer Widerstandslosigkeit ein. Sie stehen im Zusammenhang mit den grundlegenden Gedanken, sich selbst zu entäußern, wie Jesus es tat (Philipper 2,6–7). In der mennonitischen Tradition wird Widerstandslosigkeit definiert als »sich nicht wehren«. Die Menschen neigen dazu, solche Widerstandslosigkeit negativ zu werten, als passive Vermeidung und als Rückzug.

Im Gegensatz dazu setzt vom Gebet getragene Verletzbarkeit als Widerstandslosigkeit eine aktive geistliche Disziplin voraus. Sie bedeutet die Bereitschaft, sich selbst zu entleeren und so ein Bewusstsein über sich selbst zu schaffen, das Raum gibt für Gott. Dies führt zu innerer Klarheit, Offenheit, Ehrlichkeit und Transparenz.

Vermutlich würde es uns leichter fallen, uns mit einer defensiven, anklagenden und Schuld zuweisenden Haltung auf andere zuzubewegen. Manchmal entscheiden wir uns vielleicht für den passiveren Mechanismus, Unrecht anzudeuten, das Problem aber nicht deutlich anzusprechen. Wir reagieren auf die Antwort des anderen, kontern mit besseren und stichhaltigeren Argumenten. Uns geht es darum, zu gewinnen und zu

---

Dies sind notwendige Voraussetzungen für ein proaktives Zugehen auf andere, vor allem auf die, die als Bedrohung angesehen werden. Als eine Übung der Seele ist vom Gebet getragene Verletzbarkeit eine Haltung des Zuhörens und Lernens.

2. Verantwortliches Urteilsvermögen ist gegeben, wenn wir uns in Bewegung setzen auf den Konflikt und auf andere zu. Zu dieser Übung gehört die schwierige Aufgabe zu erkennen, wann und wo wir es auf der Beziehungsebene mit einem Problem zu tun haben. *Erstens:* Wenn ein einzelnes Gemeindemitglied ein Problem als »Sünde« erkennt, müssen wir als Gemeinde uns darauf vorbereiten, indem wir gemeinsam versuchen zu erkennen, was Sünde ist (Matthäus 18,18). *Zweitens:* Manchmal versagen wir und lassen die Dinge weiterlaufen, erwarten von anderen, dass sie diese Aufgabe übernehmen, oder kümmern uns nicht genügend um andere. Bei anderen Gelegenheiten sind wir zu verantwortungsbewusst und versuchen die Probleme aller auf unsere Schultern zu nehmen.

Urteilsvermögen ist nicht einfach nur ein Denkprozess, sondern in erster Linie gemeinsames Handeln. Verantwortliches Urteilsvermögen liegt ganz klar den vier in Matthäus 18 vorgeschlagenen Schritten zugrunde.

3. Interaktives Engagement ist eine Übung, die charakterisiert ist sowohl durch die Transparenz der eigenen Person und die Anerkennung der anderen. Schuldzuweisung und Rückzug sind keine Merkmale des interaktiven Engagements. Es ist eine proaktive Begegnung, und die Bereitschaft zu einer solchen Begegnung kommt aus dem Inneren. Interaktives Engagement ermöglicht es, dass Menschen ihre tiefsten Überzeugungen miteinander teilen und sich auch mit anderen Standpunkten auseinandersetzen.

zeigen, dass wir recht haben. Oder wir ziehen uns zurück und behaupten, es sei unmöglich, sich mit der anderen Partei auseinanderzusetzen.

Doch nehmen wir einmal an, wir entscheiden uns für den direkten und konstruktiven Ansatz. Dann müssen wir uns einerseits selbst auf klare und proaktive Weise definieren, aber auch den Raum schaffen, um auf die Wahrnehmungen und Anliegen der anderen Partei einzugehen. Eine proaktive Selbst-Definition in einem Konflikt hat nichts mit Schuldzuweisung oder Rückzug zu tun. Dazu gehört eine Haltung der verletzlichen Transparenz, aus der heraus ich im tiefen Bewusstsein meiner eigenen Sorgen, Ängste, Hoffnungen und Bedürfnisse mein Anliegen darlege.

Eine weise Großmutter in Costa Rica sagte einmal zu mir, es sei das Geschenk, »zu meinem Feind zu gehen mit meinem Herzen in der Hand«. Wenn wir einen Raum für Beziehung schaffen wollen, geht es nicht darum, festzustellen, wer recht und wer unrecht hat, ob wir uns einig oder uneinig sind. Es geht um die Haltung, dass wir uns auf die Erfahrungen des anderen einlassen und sie akzeptieren. Es ist das Geschenk der Beachtung und Anerkennung.

Ich habe diese als sozial-psychologische Elemente identifiziert. Doch jedes davon besitzt gleichzeitig eine tiefe geistliche Dimension. Am besten verstehen wir sie vielleicht als »Übungen der Seele«, um eine geläufige Terminologie zu verwenden. Bei diesen Übungen geht es um eine innere, von Gott inspirierte und unterstützte Arbeit, die notwendig ist für den Schritt zur Versöhnung hin.

Ich glaube, dass dieser erste Schritt, den Jesus vorgeschlagen hat – diese Praxis des »direkten Ansatzes« –, wesentlich ist für ein Verständnis von Versöhnung. Sie stellt uns vor eine Reihe von wichtigen doppelten Aufgaben. Wir müssen uns selbst und anderen begegnen. Wir müssen unsere Ängste erkennen, dürfen uns jedoch nicht von ihnen fesseln lassen. Wir müssen uns selbst definieren und auch die Erfahrungen der anderen anerkennen.

Jede einzelne davon erfordert eine wichtige geistliche Dimension der vom Gebet getragenen Verletzbarkeit, des verantwortlichen Urteilsvermögens und des interaktiven Engagements. Die erforderliche Handlung lässt sich in zwei Wörtern zusammenfassen: »direkter Ansatz«. Voraussetzung dafür ist ein tief geistlicher und disziplinierter Prozess.

Fachleute im Bereich Familiensystem raten uns zu einer »nicht-ängstlichen« Einstellung, uns ohne Sorge oder Furcht auf andere einzulassen. Johannes beschreibt dies als die »vollkommene Liebe«, die alle Furcht austreiben kann (1. Johannes 4,18). Interaktives Engagement in einem Konflikt geschieht, wenn wir die geistliche Übung kultivieren, die nötig ist, um die auftretenden Differenzen transparent mitzuteilen und konstruktiv darauf einzuwirken.

Schritt 2: Beteiligung von einem oder zwei Zeugen

Nehmen wir an, das auf Abwege geratene Gemeindeglied hört nicht auf den Rat einer Person, und der Frieden wird nicht hergestellt. Dann, so sagt Jesus, ist der zweite Schritt, eine größere Gruppe von Personen miteinzubeziehen. Sie sind zusätzliche »Zeugen«, die die Beweislage bestätigen. Wenn zwei oder drei beteiligt sind, bedeutet das, dass eine Gruppe von Menschen zusammenkommt, die gemeinsam versuchen zu erkennen, was geschieht und was getan werden muss (siehe 1. Timotheus 5,19; 5. Mose 19,15).

Mehrere Punkte stechen uns ins Auge, wenn wir uns diese Dynamik genauer ansehen. Ein Zeuge ist jemand, der die Schwierigkeiten miterlebt. Bei dem Bemühen, den Konflikt zu lösen und Versöhnung zu suchen, gehört zur Präsenz eine zweifache Haltung.

Zum Ersten hat die vorhergehende Diskussion gezeigt, dass die erste Verantwortung bei denen liegt, die den Konflikt erleben. Mit anderen Worten: Zeugen helfen mit, einen äußeren Rahmen zu schaffen, dass Reflexion, Zuhören und Verständnis möglich werden. Dabei geht es nicht um Schuldzuweisung oder Urteilen. Es geht um die Fähigkeit, ein Umfeld zu schaffen, in dem Menschen transparent sein können, sich aufeinander einlassen und Gott suchen. Das ist heiliger Boden. Zeugen brauchen die bereits beschriebenen geistlichen Übungen und die speziellen Fertigkeiten, die nötig sind, um einen solchen Raum zu schaffen.

Ein Blick zurück in die Kirchengeschichte wirft eine interessante Frage auf. Haben wir diese Fähigkeiten, Gaben und Fertigkeiten, die nötig sind, um einen solchen Raum und eine solche Präsenz zu schaffen, in den Blick genommen und entwickelt? Ganz allgemein ging es uns bei der Auslegung dieses Textes nur um die Einschätzung von Unrecht und Schuld. Oft fehlte es uns an vom Gebet getragener Verletzbarkeit, verantwortungsbewusstem Urteilsvermögen und interaktivem Engagement.

Darum waren die Folgen unserer Bemühungen häufig vergeltende Strafe, Trennung und Distanz. Unsere Ausgangsbasis war »Rechtschaffenheit« im Sinne von »richtig sein«, nicht notwendigerweise Heiligkeit, die den Raum schafft für Gottes Gegenwart in dem Einzelnen und seiner Beziehung zu anderen.

Zum Zweiten bringt Präsenz Verantwortlichkeit hervor, die nur in Gemeinschaft verstanden werden kann. Durch die Beteiligung von Zeugen bekommt der Prozess ein breiteres Meinungsbild. Zuhören und Verantwortlichkeit dürfen in diesem Prozess nicht fehlen. Verantwortlichkeit ist ein komplizierter Begriff und Vorgang. Für einige signalisiert er Unterdrückung und Enge: Andere schreiben Ihnen vor, was Sie zu tun haben. Sie haben sich ihnen gegenüber zu verantworten. Für andere besitzt dieser Begriff einen positiveren Wert. Verantwortlichkeit mit Hingabe und gegenseitiger Unterordnung bringt Freiheit. Andere Menschen, auf die wir uns verlassen können und die uns helfen, stehen an unserer Seite.

Gelegentlich habe ich beide Seiten von Verantwortlichkeit gespürt, sowohl die befreiende wie auch die einengende Seite. Doch keine davon fängt den tieferen Sinn dessen ein, was bei diesem zweiten Schritt geschieht. Ich möchte noch eine dritte Möglichkeit vorschlagen. Der Satz »wo zwei oder drei versammelt sind« (Matthäus 18,20) bezieht sich auf Verantwortlichkeit als das Mitwirken von Wahrheit, die Wachstum in dem Einzelnen, in seinen Beziehungen und seinem Verständnis von Gott fördert.

Wenn ich von Präsenz spreche, die Verantwortlichkeit hervorbringt, meine ich damit nicht, dass man einen anderen in die Reihe zurückpeitscht oder an dogmatischen Prinzipien festhält. Ich meine einen Prozess, der einen Raum schafft, wo es möglich ist, Wahrheit wirken zu lassen. Dies führt uns dazu, dass wir dem Verständnis gemäß leben, das aus der Begegnung kommt. Ein solcher Prozess der Verantwortlichkeit kann letztlich nur in Gemeinschaft begriffen werden, und setzt notwendigerweise die Mitwirkung aller beteiligten Personen voraus.

»Wo zwei oder drei versammelt sind« – dieser Satz als einen Schritt verstanden, beinhaltet praktische und tiefe geistliche Aspekte (Matthäus 18,18–20). Auf der praktischen Ebene betrifft dieser Schritt die Entfaltung von Fähigkeiten und Fertigkeiten, die dazu beitragen, einen sicheren Raum zu schaffen, in dem Menschen transparent sein und miteinander interagieren können. Die geistliche Dimension bedeutet, dass dieser Raum heiliger Boden ist. Er ist der Ort, an dem wir Gott und einander begegnen. Dies hilft uns, weit mehr zu erreichen als »eine Vereinbarung zu treffen und Probleme zu lösen«. Es führt uns zu einem tieferen Verständnis und Wachstum als Individuen und Gemeinschaft.

Schritt 3: Der Gemeinde mitteilen

Wenn die ersten beiden Schritte keine Lösung gebracht haben, ist der dritte wichtige Schritt in dem Prozess, die Situation einem breiteren Forum zu schildern, hier beschrieben durch das Wort *Gemeinde*. Bringen Sie es in eine Gemeinschaft von Gläubigen. Bei den früheren Schritten habe ich mit dem Gedanken zur sozialen Bedeutung begonnen, ehe ich zu der geistlichen Bedeutung kam. Bei diesem Schritt werde ich die Ordnung einmal umkehren und mit drei grundlegenden Beobachtungen beginnen:

Erstens: Zwischen Konflikten und der Lehre in der Gemeinde gibt es einen Zusammenhang. Die Organisation einer Gemeinde wird Einfluss haben auf den Umgang mit einem Konflikt. Und der Umgang mit einem Konflikt spiegelt sich in unseren Strukturen wider. Im nächsten Kapitel, wenn es um das Konzil in Jerusalem geht, werden wir uns noch ausführlicher damit beschäftigen.

Zweitens: Die Auseinandersetzung mit einem Konflikt ist geistliche Arbeit. Das wurde bereits verschiedentlich angesprochen, aber hier sehen wir es erneut. Die Einbeziehung der Gemeinde in das Problem setzt voraus, dass die Gemeinde ein Ort ist, wo ein Konflikt aufgearbeitet werden kann, nicht ein Ort, an dem es keine Konflikte geben darf.

Drittens: Diese einfache Aufforderung: »Sage es der Gemeinde« (Matthäus 18,17) liefert uns ein Handlungsraster, dem wir folgen können. Versöhnung ist Sache der Gemeinde. Die Aufarbeitung eines Konflikts ist eine geistliche Aufgabe. Dazu gehört eine Begegnung mit uns selbst, mit anderen und Gott. Und von daher beginnen wir zu begreifen, dass es bei der Versöhnung um die Veränderung von Menschen und ihren Beziehungen geht. Versöhnung bedeutet Veränderung, eine Abwendung von Isolation, Distanz, Schmerz und Angst und eine Hinwendung zu Erneuerung, Verständnis und Wachstum.

Immer wieder finden wir in den Geschichten der Bibel, dass das erste Ziel von Gottes Handeln in der Geschichte Versöhnung ist. Alle Dinge werden zusammengebracht (Kolosser 1,20).

Auf praktischer Ebene können wir uns dieselben Fragen stellen wie schon bei Schritt 2 (Einbeziehung von Zeugen). Wie gelingt es uns, die Gemeinde zu einem Ort zu machen, an dem Begegnung, Wachstum und Versöhnung stattfinden können?

Ich möchte noch einmal die grundlegenden Gedanken, die bei den ersten beiden Schritten bereits formuliert wurden, unterstreichen. Auch wenn eine ganze Gruppe beteiligt ist, erfordert eine konstruktive Auseinandersetzung mit dem Konflikt auf der praktischen Ebene dieselben Übungen, die auch bei einer kleinen Gruppe oder einem Einzelnen nötig sind. Wir brauchen Selbst-Definition, Transparenz und interaktives Engagement.

Bei Schritt 3 ändert sich eigentlich nur die Anzahl der beteiligten Personen. Dies setzt Innovation und Kreativität voraus bei der Suche nach Mechanismen für die Darstellung des Konflikts in einer größeren Gruppe, Mechanismen, die für die Beteiligten konstruktiv, aber auch verantwortlich sind. Wichtig sind zwei Dinge: Wir müssen begreifen, dass die Aufarbeitung eines Konflikts eine normale, geistliche Arbeit ist. Wir müssen auch die Disziplinen und Fertigkeiten entwickeln, diese Arbeit mit einer größeren Gruppe von Menschen zu tun.

Als Nächstes kehren wir zu unserem Gedanken des verantwortlichen Urteilsvermögens zurück. Die schwierigste Aufgabe von Gemeindeleitern ist wohl, das Wesen eines Konflikts zu erkennen. Erst dann können sie einen Prozess entwickeln, der für eine Aufarbeitung angemessen ist. Das Ausmaß eines Konflikts ist nicht immer gleich. Es ist schwierig, die richtige Vorgehensweise für den Umgang mit einem bestimmten Konflikt zu finden oder auszuwählen.

Zum Beispiel könnte es unangemessen sein, dass eine Gruppe von nur vier Personen sich mit einem bestimmten Problem beschäftigt, das die Beteiligung der ganzen Gemeinde erfordert. Genauso unangemessen könnte es sein, bestimmte persönliche Probleme vor einer großen Gruppe auszubreiten, wo mehr Schaden angerichtet als Gutes bewirkt wird.

Verantwortliches Urteilsvermögen setzt ein Verständnis für das Wesen des Konflikts voraus und die Fertigkeiten, eine angemessene Vorgehensweise für den Umgang festzulegen. Wir brauchen eine Kombination von praktischen Fertigkeiten bei dem Umgang mit einem Konflikt, und wir brauchen geistliche Übungen, um diejenigen, die sich um Versöhnung bemühen, zu unterstützen und zu leiten.

Noch einmal kurz zusammengefasst: Die geistliche Dimension des »der Gemeinde Mitteilens« liegt in einem grundlegenden Verständnis. Die Menschen, aus denen sich die Gemeinde zusammensetzt, und ihre Struktur sind entscheidend dafür, wie Versöhnung erreicht wird (2. Korinther 5,18–19). Die Gemeinde ist ein Ort der Begegnung. Sie ist ein Ort der Wahrheits-Unterscheidung und des Wahrheit-Sagens. Sie ist ein Ort für verletzliche Transparenz. Sie ist ein Ort für interaktives Engagement. Sie ist ein Ort für Verantwortlichkeit. Sie ist letzten Endes ein Ort, an dem wir aufeinander und auf Gott zugehen.

Schritt 4: Beziehung pflegen wie mit einem Zöllner

Dies ist einer der komplizierteren Aspekte der vier Schritte. In der Kirchengeschichte ist er wenig praktiziert worden. Was bedeutet es, die Person, mit der Sie sich nicht versöhnen konnten, wie einen »Heiden und Zöllner« zu behandeln? Die meisten Gemeindemitglieder werten dies als Berechtigung, diesem bestimmten Sünder aus dem Weg zu gehen. Er gibt uns, so meinen wir, die Erlaubnis, eine Grenze zu ziehen und uns von ihm abzusondern. Die Person, die sich auf dem falschen Weg befindet, wird zu jemand, zu dem wir auf Distanz gehen.

Rufen wir uns noch einmal in Erinnerung, dass es bei den ersten drei Schritten darum ging, sich *auf den Konflikt und auf den anderen zu zu bewegen*. Darum stelle ich die Frage: Wäre es nachvollziehbar, wenn der letzte Schritt eine Bewegung von beiden *fort* bedeuten würde?

Darauf habe ich keine gute Antwort, aber ich kann auf eine theologische Methode hinweisen. Nach meinem Verständnis der täuferischen Theologie sind wir aufgerufen, Jünger Jesu zu sein. In theologischer Hinsicht waren den frühen Täufern formelhafte Dogmen oder grundlegende Gesetze kein großes Anliegen. Der Fokus lag auf der Nachfolge Jesu. Es ging darum, sich am Verhalten und dem Wesen Jesu zu orientieren. Christus soll unser Mittelpunkt sein, und das zeigt sich in unserem Verhalten und nicht nur in unserem Glaubensbekenntnis.

Wenn wir es ernst damit meinen, Jesus nachfolgen zu wollen, dann sollte Jesu Handeln uns helfen, die Schritte zu verstehen, die er aufgezeigt hat. Wie verhielt sich Jesus den Heiden und Zöllnern gegenüber? Wenn wir diese Frage beantworten, wird uns klar, wie wir selbst reagieren sollten, wenn wir in diese Phase des Konflikts eintreten. Ins Auge sticht eine ganz einfache Antwort: Jesus aß mit ihnen (wie in Matthäus 9,10 zu lesen). Sehr zum Leidwesen der Pharisäer entschied sich Jesus immer wieder dafür, sich genau die Menschen auszusuchen und mit ihnen Tischgemeinschaft zu pflegen, die als unrein galten und außerhalb der Gemeinschaft der Glaubenden standen. Meine Interpretation von Schritt 4 ist: Pflegen Sie Tischgemeinschaft mit ihnen!

Das gemeinsame Essen weist auf zwei Gedanken hin, die das widerspiegeln, was wir bereits gesehen haben und was in diesem Buch noch folgen wird:

In fast allen Kulturen bedeutet Tischgemeinschaft Beziehung und Verbindung. Auf internationaler Ebene verwenden wir *Tische* als Metapher für das Zusammenkommen, um zu reden, zu verhandeln und Frieden zu suchen. Die Tischgemeinschaft ist ein Symbol dafür, dass wir als Menschen miteinander verbunden sind.

Das gemeinsame Essen stellt uns auf dieselbe Ebene. Wenn wir in komplizierten internationalen Verhandlungen stehen, bietet die Tischgemeinschaft häufig eine andere Ebene, auf der die Menschen miteinander in Kontakt kommen. Wenn wir uns zum Essen an einen Tisch setzen, befinden wir uns alle auf derselben sozialen Stufe, wir bekennen uns zu unserer Gleichheit, und wir erkennen unser grundlegendes Menschsein an. In diesem Sinne ist die Tischgemeinschaft ein sicherer Ort, ein Raum, wo wir wir selbst sind.

Jetzt verbinden wir die Handlung des »miteinander Essens« mit den früheren Schritten. Im vierten Schritt zeigt sich Jesu Art des Handelns. Jesus hat deutlich geäußert, wer er war, und mit seiner Meinung nicht hinter dem Berg gehalten. Und doch zeigte er in seinen Begegnungen mit Menschen, wo immer sie auch standen, dass seine Liebe die Angst überwindet. Er war um Beziehungen bemüht, er suchte einen Weg, mit anderen in Kontakt zu kommen. Dies sind genau die Elemente, die in den ersten beiden Schritten angesprochen wurden. Sie zeigen eine Parallele zu dem, was jetzt, 2000 Jahre später, in der heutigen Familiensystem-Theorie vertreten wird.

Definieren Sie sich selbst ohne Projektion oder Rückzug. Äußern Sie deutlich, wer Sie sind. Suchen Sie verletzliche Transparenz. Ermutigen Sie andere, das auch zu tun.

Fördern Sie eine angstfreie Präsenz. Werden Sie nicht wütend, ziehen Sie sich nicht zurück und haben Sie keine Angst vor anderen, die sich selbst anders definieren als Sie. Setzen Sie sich interaktiv mit der Verschiedenheit auseinander, anstatt zu reagieren oder zu versuchen zu kontrollieren. Gehen Sie auf die Unterschiedlichkeit zu und nicht von ihr weg.

Halten Sie Kontakt, in der Beziehung und emotional. Bleiben Sie in Verbindung. Essen Sie miteinander. Dann werden Sie feststellen, dass die Versöhnungskunst wieder in den Mittelpunkt rückt – nehmen Sie gegenseitige Menschlichkeit wahr, fördern Sie Selbstreflexion und begleiten Sie durch verbindliche Freundschaft.

Impulse zur Vertiefung und Reflexion

Gemeinschaftlicher Prozess für Versöhnung

Für Pastoren und Leiter

1. Nehmen Sie eine ehrliche Einschätzung vor, wie Sie sich in Konfliktsituationen verhalten: Unter Gemeindemitgliedern, zwischen Gemeindemitgliedern und der Leitung, innerhalb der Gemeindeleitung. Wie verbreitet ist Dreiecksbildung? Sind Verletzlichkeit und persönliche Verantwortung vorhanden? Wie würden Sie sich in Ihren Fähigkeiten, auf eine Erneuerung hinzuarbeiten, einschätzen? Können Sie einen klaren Prozess beschreiben, den Sie gegenwärtig verfolgen?
2. Erarbeiten Sie mithilfe von Matthäus 18 und Kapitel 7 einen Prozess der Konflikttransformation, der auch der Prozess für Sie und die Menschen und Familien in der Gemeinschaft werden könnte, der Sie vorstehen.

Für uns alle

Denken Sie über einen ungelösten Konflikt nach, in dem Sie sich befinden. Beantworten Sie auf einem Stück Papier die folgenden vier Fragen und sprechen Sie mit einem Mentor, Pastor oder engen Freund, der Sie zur Versöhnung ermutigt, darüber:

- *Eigenwahrnehmung:* Was offenbart dieser Konflikt über mich selbst, über das, was mir gefällt und was mir nicht gefällt?

- *Dreiecksbildung*: Mit wem außer mit dem/denen, mit dem/denen ich diesen Konflikt habe, habe ich über den Konflikt gesprochen? Bewerten Sie: Hat das Gespräch mich zur Versöhnung inspiriert oder hat es meine Haltung gerechtfertigt und den Konflikt vertieft?
- *Passiv-aggressiv:* Inwiefern habe ich versucht, passiv-aggressiv mit diesem Konflikt umzugehen?
- *Rechthaben:* Warum ist es mir so wichtig, in dieser Sache »recht« zu haben?
- *Beitrag*: Wie habe ich zu dem Konflikt und/oder seinem Andauern beigetragen?

KAPITEL 8

Schweigen und Zuhören: *Apostelgeschichte 15*

IN APOSTELGESCHICHTE 15 FINDEN WIR eine Beschreibung der frühen Gemeinde und eine Schilderung der Ereignisse im Zusammenhang mit dem Jerusalemer Konzil, wie es häufig genannt wird. Paulus und Barnabas haben fremde Länder bereist und die gute Nachricht von Jesus weitergetragen. Sie erleben eine dramatische Reaktion auf ihre Botschaft und kehren zur Gemeinde in Antiochia in Syrien zurück, die sie ausgesandt hat. Nachdem sie die Gemeinde zusammengerufen haben, berichten sie, »wie viel Gott durch sie getan und wie er den Heiden die Tür des Glaubens aufgetan hätte« (Apostelgeschichte 14,27).

Aus Judäa kommen einige Männer in die Stadt und predigen den nichtjüdischen Gläubigen, dass sie nicht gerettet werden könnten, wenn sie sich nicht beschneiden ließen (Apostelgeschichte 15,1). Aus diesem Problem entwickelte sich ein »nicht geringer Streit« zwischen Paulus, Barnabas und den Abgesandten aus Judäa (Apostelgeschichte 15,2). Was genau ist nun ein »nicht geringer Streit«? Ein besserer Ausdruck dafür wäre vielleicht eine größere Auseinandersetzung in der Gemeinde, ein Aufruhr in den Kirchenbänken!

Ich wünschte, es gäbe Videoaufzeichnungen von den Versammlungen und Debatten der Urgemeinde. Die Leiter der Urgemeinde stellen wir uns vor als Heilige und Propheten. Doch wenn wir sie im alltäglichen Leben der Gemeinde vor Ort in Aktion erleben würden, wären wir vermutlich schockiert. Besonders verblüffen würde uns, dass sie uns sehr ähnlich sind, dass sie auch scharfe Auseinandersetzungen geführt haben (wie u. a. in Apostelgeschichte 15,39 beschrieben). Wenn ein solches Video existierte, würden wir Dinge hören und sehen, die im Text nicht so ganz ausführlich geschildert sind.

Wir würden sofort erfassen, wie wichtig dieses Thema für die erste Gemeinde ist. In unserer Zeit mag uns die Frage der Beschneidung als Voraussetzung für eine Mitgliedschaft fern sein. Dieser Debatte liegt jedoch ein viel tieferes und uns vertrauteres Problem zugrunde: Ändern wir unsere Glaubensüberzeugungen und -praktiken, um uns an die scheinbar neuen Wege anzupassen, die Gott unter uns geht?

Die ersten Christen streiten über die Identität derer, die sich selbst als das Volk Gottes betrachten. Und wir würden Stimmen hören, wie sie auch heutzutage laut werden. In den meisten wird Sorge und tiefe Überzeugung mitschwingen. Jede einzelne erhebt Anspruch auf die Wahrheit. In einigen Stimmen erkennen wir Zorn, in anderen Furcht. Ein paar wenige tragen eine Botschaft der Hoffnung weiter.

Viele schwanken und sind verwirrt. Sie fragen: »Wenn das stimmt, was will Gott uns denn sagen?« Andere halten fest an dem Bekannten, um Verwirrung und Mehrdeutigkeiten zu vermeiden. Sie erwidern: »Unser Gott ist ein Gott der Ordnung, der Klarheit und des Gesetzes.« Bestimmt haben Sie auch schon solche Stimmen bei Auseinandersetzungen in der Gemeinde gehört:

»Gott ruft uns auf zu einem neuen Verständnis dessen, wer wir sind und wie wir unseren Auftrag ausführen sollen.«

»Wir haben das noch nie so gemacht. Wenn ihr solche Leute in die Gemeinde lasst, dann gehe ich.«

»Seht euch den biblischen Text an. Da steht doch ganz klar, dass wir das nicht tun sollen.«

»Schaut in den biblischen Text. Da steht doch, wie das zu handhaben ist.«

In Kapitel 15 der Apostelgeschichte geht es um einen Konflikt. Dieses Mal bekommen wir einen kleinen Einblick in die eigentlichen Vorgänge. Wie geht die erste Gemeinde mit diesem Problem um? Beachten Sie das Zusammenspiel von Praxis und Spiritualität. Welche Schritte unternehmen sie? Wie kann uns das weiterhelfen? Welche geistlichen Dimensionen liegen einem solchen Prozess wohl zugrunde?

Prinzipien und Schritte für den Umgang mit einem Konflikt

Bevor wir uns die allgemeineren Prinzipien und Schritte ansehen, die wir in Apostelgeschichte 15 finden, erinnern wir uns an zwei Dinge aus der Diskussion des Kontextes. *Erstens:* Der Konflikt wirft theologische Fragen auf, aber auch Fragen zu Gemeindebelangen. Er hat zu tun mit Identität, Organisation und Struktur. Wer sind wir? Was ist unser Auftrag? Wie organisieren wir uns in der Welt? Und wer trifft diese Entscheidungen? *Zweitens:* Diese Fragen brennen den Menschen unter den Nägeln. In dem Bericht finden wir deutliche Hinweise auf tiefe Emotionen. Es steht viel auf dem Spiel. Wir sollten das im Hinterkopf behalten, wenn wir uns nun den Prinzipien und Schritten zuwenden.

1. Das Problem erkennen und definieren

Der Bericht in Apostelgeschichte 15 ist außergewöhnlich wegen der Offenheit, mit der die Anliegen zur Sprache kommen. Die handelnden Personen tun etwas, das in vielen Gemeinden bei einem Konflikt nur selten vorkommt: Sie gestehen ein, dass es Differenzen und einen Konflikt gibt. Ich bin immer verblüfft, wie lange »Unstimmigkeiten« brodeln können, bis jemand bereit ist, sie beim Namen zu nennen.

Im Laufe der Jahre habe ich es mit vielen gemeindlichen Konflikten zu tun gehabt. Doch ich bin immer wieder erstaunt, wie viele Menschen und Gemeinden zum ersten Mal nach Schulungen oder Kursen zur Konfliktbewältigung fragen. Häufig wird deutlich, dass dieser Bitte jahrelang verdrängte Probleme und Anliegen, die sich jetzt nicht mehr länger verdrängen lassen, zugrunde liegen.

Dieses erste Prinzip aus Apostelgeschichte 15 weist zwei verschiedene, aber parallel laufende Spuren auf. Es ist wichtig zu begreifen, dass ein bedeutender Unterschied besteht zwischen wissen und zugeben. Etwas zuzugeben bedeutet, es genau zu beschreiben, an die Oberfläche zu bringen und anzunehmen. Wir hängen häufig in einem Muster fest, wir stoßen zufällig auf bestimmte Dinge, schleichen umeinander herum und kreisen vorsichtig um die eigentlichen Probleme und Anliegen. Dies ist Ursache für Verwirrung und Schmerz. Wir müssen offen zugeben, dass es Streit und Differenzen gibt, die gelöst werden müssen. Dieser Schritt ist sehr wichtig für den Prozess des Voranschreitens.

Oft haben wir Angst einzugestehen, dass ein Konflikt besteht. Wir befürchten, dass es, wenn wir das Problem beim Namen nennen, sowohl unserer Person als auch unserer Beziehung schadet. Auf jeden Fall ist es unbequem und schmerzlich. Apostelgeschichte 15 zeigt, dass es zur Transparenz und Verbindlichkeit in der Beziehung gehört, einen Konflikt zuzugeben. Meinungsverschiedenheiten müssen nicht unbedingt zu einer Distanz in der Beziehung und Trennung führen. Sie können das Verständnis, die Beziehung und Wachstum fördern.

In meiner Erfahrung stoßen wir hier erneut auf ein Paradox: Wenn Menschen Angst haben, einen Konflikt zuzugeben, und es aus dieser Angst heraus nicht tun, um die Beziehung zu schützen, werden sie häufig erleben, dass gerade diese Ängste Wirklichkeit werden. Der Konflikt explodiert oder implodiert. Doch wenn die Menschen den Konflikt anerkennen und frühzeitig darauf zugehen, werden sie feststellen, dass ihre Beziehungen selbst die schwierigsten Differenzen aushalten können.

Dieses Paradox liegt dem Rat zugrunde, den mein Kollege Ron Kraybill Gemeinden gibt: Wenn ihr euch weniger Konflikte wünscht, die eine Gemeinde entzweien, fördert mehr alltägliche Uneinigkeiten im gemeindlichen Leben.[6]

Genauso wichtig ist es, zu definieren, worum es bei einem Konflikt geht. Da dieses Buch kein Handbuch für den Umgang mit Konflikten ist, werde ich nicht auf Hilfsmittel und Ansätze für die genaue Bestimmung eines Konflikts eingehen. Als Prinzip ist es jedoch wichtig, den Grund zu verstehen. Die Vorgänge genau zu beschreiben bedeutet, den Konflikt einzugrenzen oder auch *abzubilden*, wie manche es nennen. Wir wollen, dass die am Konflikt Beteiligten zu einer gemeinsamen Auffassung darüber kommen, was den Konflikt ausmacht und was für die Aufarbeitung ihrer Anliegen nötig ist.

Bei internationalen Verhandlungen wird dieser Prozess manchmal *Agenda-Erstellung* genannt, was Jahre dauern kann. Im gemeindlichen Umfeld wird ein Ort geschaffen, wo Menschen ihre Anliegen miteinander teilen und gemeinsam überlegen können, wie mit diesen Anliegen umgegangen werden soll. Häufig sind die anscheinend heißen Themen eigentlich Symptome für andere Vorgänge unter der Oberfläche, Vorgänge, die man nur schwer benennen und präzise festlegen kann. In

---

6 Siehe Ron Kraybill: *Repairing the Breach: Ministering in Community Conflict*, Herald Press, Scottdale 1981.

Apostelgeschichte 15 erkennen die ersten Christen die speziellen Anliegen an, die geklärt werden müssen, und definieren sie.

2. Das geeignete Forum für die Auseinandersetzung schaffen

Wie in Matthäus 18 ist es nötig, ein Forum zu schaffen, das auf die Bedürfnisse der Menschen und das Wesen des Konflikts abgestimmt ist. Das ist keine leichte Aufgabe, und hierfür gibt es auch keine gebrauchsfertigen Formeln. Eine Orientierung auf den Prozess hin ist wichtig. Wie man mit dem Konflikt umgeht, ist genauso wichtig oder sogar noch wichtiger als das, was am Ende entschieden wird. Der Mediator Ron Kraybill sagte einmal: »Der Prozess ist wichtiger als das Ergebnis.« Oder wie Jim Laue, einer meiner Mentoren, es ausdrückt: »Wenn der Prozess vertrauenswürdig ist, ist auch das Ergebnis vertrauenswürdig.«[7]

Wenn es darum geht, ein geeignetes Forum zu schaffen, muss genau überlegt werden, wie vorgegangen werden soll. In Apostelgeschichte 15 wird eine stillschweigende, aber sehr kluge Orientierung auf den Prozess hin beschrieben, der Urteilsvermögen und Kreativität zugrunde liegen. Hier geht es darum anzuerkennen, dass der Konflikt eine breite Beteiligung braucht. Er bewegt sich über die Erfahrung der Ortsgemeinde hinaus auf eine offene und erweiterte Arena zu.

Wir erfahren zum Beispiel von den Unstimmigkeiten zwischen Paulus und Barnabas wegen des Reiseplans und der Teilnahme von Johannes Markus. Darüber entsteht ein erbitterter Streit. Dieses Mal wird kein Konzil in Jerusalem einberufen, sondern die Trennung vollzogen (Apostelgeschichte 15,36–41). Der Konflikt wird vermutlich auf der zwischenmenschlichen

7 Siehe Jim Laue/Gerald Cormick: *The Ethics of Intervention in Community Disputes.* In: *The Ethics of Social Intervention.* Hrsg. von Gordan Bermat, Herbert Kelman und Donald Warwick, Halsted Press, Washington 1979.

Ebene gelöst, wenn vielleicht auch nicht sehr konstruktiv nach den Maßstäben von Matthäus 18 (siehe die spätere Erwähnung in 2.Timotheus 4,11).

Wenn wir dieses Prinzip, ein geeignetes Forum zu schaffen, ernst nehmen sollen, müssen mehrere wichtige Merkmale zur *Prozess-Orientierung* umrissen werden. Urteilsvermögen entsteht, indem man das Wesen eines Konflikts begreift und erkennt, wie man angemessen damit umgehen soll. Kreativität ist notwendig für Flexibilität und Innovation.

Immer wieder stehen wir vor der Herausforderung, den Mechanismus zu finden, der am besten geeignet ist, den Menschen zu helfen, die Anliegen zu verstehen und einander konstruktiv zu begegnen. Dazu sollten die Beteiligten in die Beschreibung des Prozesses und die Suche nach einem geeigneten Forum einbezogen werden. Die Teilnahme an diesem Prozess ist wichtig. Vor allem sollten die Beteiligten inhaltlich dahinter stehen.

3. Die verschiedenen Standpunkte aufzeigen

Besonders auffallend bei dem Konzil in Jerusalem ist die vorsichtige Vorgehensweise. Alle Standpunkte durften geäußert werden. Dies ist ganz bestimmt keine Zusammenkunft von Menschen, die bereits einer Meinung sind. Dieses Forum gibt Raum für offene Diskussion. Die Teilnehmer erzählen, wie Gott unter ihnen gewirkt hat und wie diese Erfahrungen die Unterschiedlichkeiten deutlich gemacht haben. Führende Persönlichkeiten sind anwesend. Auch Leute, die sich noch nie aus Jerusalem herausgewagt haben. Paulus und Barnabas reisen extra an, zusammen mit anderen Führungspersönlichkeiten, die durch ihren Dienst bekannt geworden sind.

Wenn wir zu dem Prozess zurückkehren, sehen wir, dass das Prinzip der Inklusion verwirklicht wird. Alle, die von der Entscheidung betroffen sind, haben einen Platz am Tisch. Apostelgeschichte 15 betont ebenso wie Genesis 1 und Matthäus 18 den Wert der Unterschiedlichkeit und fordert auf, danach zu fragen, was Gott zu jedem Einzelnen sagt, und einer Stimme Beachtung zu schenken, die nur zu hören ist, wenn jede Stimme ihren Platz im Chor bekommt.

4. Unterschiedlichkeit dokumentieren

In Apostelgeschichte 15 bekommen die Menschen die Gelegenheit, ihren Standpunkt darzulegen: Paulus und Barnabas, aber auch die Leiter und Mitglieder der Gemeinde Jerusalems. Im Bereich der Mediation gibt es einen Begriff hierfür: *Unterschiedlichkeit dokumentieren.* Dies baut auf den ersten beiden Prinzipien auf und bietet Raum für die unterschiedlichen Standpunkte. Voraussetzung ist, dass die Beteiligten reden und zuhören.

Die eigenen Argumente klar darzulegen und aufmerksam zuzuhören fällt in einem Konflikt, wenn die Emotionen hochkochen, nicht leicht. Die Identität des Einzelnen ist bedroht. Ich habe den Eindruck, dass die Situation auf dem Konzil in Jerusalem ziemlich kompliziert war. Und wieder wünschte ich, wir hätten ein Video davon. Wir müssen uns mit dieser knappen Geschichte begnügen. Zum besseren Verständnis wollen wir sie ein wenig ausschmücken, lesen, was zwischen den Zeilen steht.

Die Überschrift zu diesem Kapitel habe ich dem kurzen, aber sehr wichtigen Vers 12 aus Apostelgeschichte 15 entnommen: »Da schwieg die ganze Menge still und hörte … zu.« Dem, was vorher berichtet wird, entnehme ich, dass es laut zugegangen ist auf diesem Konzil und alle durcheinander geredet haben. Argumente und Gegenargumente wurden in den Raum geworfen.

Das erinnert an so manche Jahresgemeindestunde zum Gemeindehaushalt. Wir streiten darüber, warum so viel Geld für neue Sonntagsschulräume ausgegeben wird und warum das Geld nicht lieber für die Flüchtlinge am Horn von Afrika verwendet wird. An einem bestimmten Punkt »hörte« die Versammlung in Apostelgeschichte 15 zu. Diese Phase unterscheidet sich qualitativ von dem, was vorausgegangen ist, und darum hebt der Schreiber dies auch besonders hervor.

In einer Gemeinschaft Unterschiedlichkeit zu dokumentieren bedeutet, einen sozialen Raum zu schaffen, wo Menschen reden und zuhören können und dabei auf die Stimme Gottes hören.

5. Die Gaben in der Gemeinschaft einsetzen

Während dieses Konzils ergreifen mehrere Leute das Wort. Einige erzählen von dem, was sie in ihrem Dienst erlebt haben. Andere beziehen sich auf die Vergangenheit. Manche berichten, wie Gott unter ihnen gewirkt hat. Wieder andere legen biblische Texte aus. Einige äußern Ideen, wie alles zusammengebracht werden kann. Andere wieder lenken die Zusammenkunft auf ein bestimmtes Ergebnis hin. Ein paar schreiben das Ergebnis nieder. Manche überbringen das Ergebnis denen, die nicht dabei sein konnten.

Die Gemeinschaft bringt die Menschen und Gaben hervor, die notwendig sind, um die erzielten Vereinbarungen anzustoßen, zu unterstützen, umzusetzen und aufrechtzuerhalten. Das entspricht der Vision des Paulus von der Gemeinde als einem Leib (1. Korinther 12–14). Er verwendet hier das Bild von unterschiedlichen Teilen, die zusammenwirken. Dies ist ein sehr eindrückliches Bild, das Unterschiedlichkeit wertschätzt und nach einem gemeinsamen Ziel und Verständnis strebt. Die Begebenheit aus Apostelgeschichte 15 beschreibt, wie das funktioniert: Das Schaffen eines Forums, das der Unterschiedlichkeit Raum gibt und nach einem gemeinsamen Verständnis strebt.

6. Entscheidungen treffen und umsetzen

Einer der besonders ins Auge fallenden Aspekte dieser Geschichte ist das Ergebnis. Es fällt ins Auge wegen der Dinge, die ausgesprochen werden und die nicht ausgesprochen werden. Wir erfahren, dass das Konzil zu einem Beschluss kommt, einem Beschluss, der von da an für die Entwicklung und Ausbreitung des christlichen Glaubens maßgeblich ist. Erzielt wurde ein Kompromiss.

Schritte zum Umgang mit einem Konflikt

1. Das Problem erkennen und definieren.
2. Das geeignete Forum für die Auseinandersetzung schaffen.
3. Den verschiedenen Standpunkten Gehör bieten.
4. Unterschiedlichkeit dokumentieren.
5. Die Gaben in der Gemeinschaft einsetzen.
6. Entscheidungen treffen und umsetzen.

Der Beschluss ist folgender: »Wir erkennen neue Dinge an, die sich Gott für die Gemeinde vorstellt, Dinge, die wir aus unserer Tradition nicht erwartet haben. Wir ändern unseren Glauben insoweit, dass er diesem neuen Verständnis, dass Gott mitten unter uns ist, entspricht. Doch wir erkennen auch wichtige Dinge aus unserer Vergangenheit an, die wir nicht aufgeben dürfen, und wir teilen sie ausdrücklich mit unseren Brüdern und Schwestern.«

Dies ist ein Schritt, um den Prozess zu einem Ende zu bringen. Es gibt keine »Analyseparalyse« oder einen immerwährenden Prozess, sondern einen Beschluss, der umgesetzt werden kann.

Es wird nicht berichtet, was am Ende des Konzils geschieht. Ich wüsste gern: Sind alle mit diesem Beschluss einverstanden? Bleiben alle in Harmonie zusammen? Vielleicht sagen einige: »Das kann nicht sein. Ich kann diese Veränderungen nicht akzeptieren.«

Wir erfahren, dass mit Zustimmung der Versammlung mehrere Führungspersönlichkeiten ausgewählt werden, die Paulus und Barnabas zurück nach Antiochia begleiten und ihnen helfen sollen, der Gemeinde die Entscheidung des Konzils in

Jerusalem mitzuteilen (Apostelgeschichte 15,22–32; siehe auch Apostelgeschichte 21,25). Wir erfahren nicht, ob jemand die Gemeinde im Unfrieden verlassen hat.

Können wir nun davon ausgehen, dass in einem solchen Prozess immer eine Einigung erreicht wird oder dass es volle Zustimmung und Übereinstimmung gibt? Das kann ich mir kaum vorstellen. Vielleicht mag das in Jerusalem so gewesen sein. Aber vermutlich gibt es einige, vielleicht nur eine Minderheit oder möglicherweise ein paar mehr, die einen solchen Beschluss nicht mittragen wollen und weggehen. Paulus und Barnabas trennen sich wegen Markus. Vielleicht gibt es auch hier immer noch verschiedene Meinungen darüber, ob jüdische Christen mit heidnischen Gläubigen zusammen essen dürfen (Apostelgeschichte 15,39; 10,28; Galater 2,13).

Wenn wir die Prinzipien, die wir in Matthäus 18 identifiziert haben, ernst nehmen, verstehen wir den Konflikt etwas besser. Wir als Einzelne und als Gemeinde sind aufgefordert, die Übungen und Kompetenzen zu erlernen, die uns helfen, uns selbst zu definieren, in einen angstfreien Dialog einzutreten und auch den emotionalen Kontakt zu halten, wenn wir uneins sind.

Wenn das hier in Apostelgeschichte 15 zum Tragen kommt, können wir die Haltung einnehmen: »Auch wenn ich mit dem Weg, den du wählst, nicht einverstanden bin, werde ich die Gemeinschaft nicht verlassen und versuchen, dich dadurch zu zwingen, meine Meinung zu übernehmen. Lass uns darin übereinstimmen, dass wir die Beziehung wollen, und jeder von uns sei wahrhaftig in dem, was wir als unsere tiefste Berufung von Gott empfinden. Vielleicht trennen sich unsere Wege bei unserem Dienst, aber die Gemeinschaft wollen wir beibehalten.«

Zuhören: Die geistliche Dimension des Konflikts

Eine wichtige Eigenschaft für den Umgang mit einem Konflikt wird in dieser Geschichte deutlich. Ich nenne sie die geistliche Übung des Zuhörens. Dieser Übung liegt eine einzige und höchst interessante Frage zugrunde: Wie spricht Gott zu uns?

Den Begriff des Zuhörens verwenden wir häufig nur im Zusammenhang mit einem Kommunikationsprozess. Eine Person möchte eine Botschaft an eine andere Person senden. Auf diese Weise wird eine beabsichtigte Bedeutung geschaffen, die übermittelt werden muss. Diese Bedeutung ist auf eine bestimmte Art verschlüsselt, häufig durch Worte, die zu einer Botschaft werden. Die Botschaft muss von der anderen Person empfangen und entschlüsselt werden, damit sie einen Sinn ergibt.

Zur umfassenden Kommunikation gehört derselbe Prozess in umgekehrter Richtung. Dieser rein technische Vorgang ist schon ziemlich komplex. Dazu gehören die Prozesse des Entwerfens, Sendens, Empfangens und Entschlüsselns. Wenn alles gut geht, ist das, was eine Person zu sagen hat, klar formuliert und wird von dem anderen empfangen und in der beabsichtigten Bedeutung entschlüsselt. Das heißt, wir sagen, was wir meinen, und verstehen einander.

Doch leider ist das nicht immer der Fall, wie wir alle wissen, und ganz bestimmt sind die Voraussetzungen dafür in einem hitzigen Konflikt viel schwieriger zu schaffen. Wenn wir in einem Konflikt stecken, meinen wir bereits zu wissen, was die andere Seite sagen will, bevor wir überhaupt richtig zugehört haben. Wir haben der Botschaft bereits Motive unterlegt. Nicht selten überlegen wir uns schon eine Antwort, bevor die andere Partei zu Ende gesprochen hat.

Solche Dynamiken machen es schwer zu formulieren, was wir wirklich meinen, oder zu verstehen, was die andere Partei tatsächlich meint. So entsteht ein Teufelskreis des Missverständnisses und ein Gefühl der Machtlosigkeit, das sich gegenseitig verstärkt. Keiner der Beteiligten hat das Gefühl, dass ihm zugehört wird. Wir fühlen uns herabgesetzt, zurückgewiesen und verletzt. Wenn sich dies über einen längeren Zeitraum fortsetzt, werden wir vermutlich über kurz oder lang einen Weg suchen, uns Gehör zu verschaffen, indem wir den Druck verstärken oder zum Selbstschutz den Rückzug antreten.

Im Bereich der Konflikttransformation lernen wir, dass es nötig ist, diesen Kreislauf zu durchbrechen, um den Konflikt konstruktiv bearbeiten zu können. Deshalb betonen wir die Notwendigkeit des Zuhörens als einer Kunst und einer Fertigkeit. Ein wichtiger Ansatz, der sich auf Kommunikations- und Beratungstechniken stützt, besteht darin, die Fähigkeit des Zuhörens und des Umschreibens, das aktive Zuhören in einem Konflikt zu erlernen.

Aktives Zuhören ist eine praktische und sehr nützliche Methode. Als angewandte Technik bedeutet sie Umschreibung, in eigenen Worten zu wiederholen, was eine andere Person gesagt hat. Das verändert die Kommunikationsdynamiken. Der Kommunikationsprozess wird abgebremst. Wir überprüfen, ob die andere Person tatsächlich meint, was wir glauben verstanden zu haben, und ob das, was sie meint, tatsächlich auch das ist, was wir verstanden haben. Wir zeigen dem anderen, dass wir aufrichtig daran interessiert sind, ihn zu verstehen und von ihm verstanden zu werden.

Statt uns auf unseren Instinkt und unser Bauchgefühl zu verlassen, bemühen wir uns durch Umschreibung aktiv, aus dem Kreislauf der Fehlkommunikation auszubrechen. Zuerst überprüfen wir, ob wir uns gegenseitig verstanden haben, ehe wir versuchen, unsere Differenzen zu klären.

Ich habe diesen Prozess beobachtet. Wenn eine Person die natürliche Fähigkeit zu umschreiben besitzt und das gut macht, wird es buchstäblich nicht bemerkt. Menschen wollen gehört werden und sind oft dankbar, dass ein anderer sie so wichtig nimmt, dass er mit dem, was sie sagen, konstruktiv umgeht.

Doch ich habe auch festgestellt, dass es heftige Reaktionen gegen diese technische Fertigkeit gibt, wenn wir sie in Seminaren zu vermitteln suchen. Die Teilnehmer mögen keine vorgegebenen Formulierungen dieser Technik: »Ich habe verstanden, dass du gesagt hast …« Das lässt den Prozess künstlich erscheinen. Ein Gratis-Nachplappern oder billiges »Psychologisieren« wird abgelehnt.

Diese Reaktion führt zu einer Erkenntnis, die uns hilft, eine tiefere Ebene zu erreichen. Was uns nämlich eigentlich beschäftigt, ist die Wahrnehmung einer zugrunde liegenden Absicht und Haltung. Die Technik ist nur ein Hilfsmittel. Sie kann zum Guten und zum Schlechten eingesetzt werden. Was zählt, ist die eigentliche Absicht: Das Ringen darum, das Wesen des Geistes eines anderen zu verstehen. Aufrichtiges Zuhören steht in Verbindung mit einem geistlichen Prozess. Sehen wir uns drei verschiedene, aber miteinander in Verbindung stehende Facetten dieses tieferen Prozesses an.

Zuhören als eine geistliche Übung

Zuhören als Technik erfordert Geschicklichkeit. Die Anwendung dieser Technik setzt Disziplin voraus. Aber diese technische Disziplin führt nicht von selbst zu einer tieferen Ebene des echten Zuhörens. Ich kann diese Technik zum Beispiel einsetzen, um Informationen über mein Gegenüber zu bekommen. Zu einer tieferen Ebene führt sie erst, wenn ich mit meinem Gegenüber als Person, die mir am Herzen liegt, interagiere.

Um es mit einem Bild aus der Bibel zu sagen: Zuhören ist eine geistliche Übung, wenn es, wie eine Quelle, aufrichtiger Liebe entspringt. Ich beziehe mich auf die Liebe im Sinne von *agape*, der selbstopfernden Liebe. Ich bin achtsam in meiner Beziehung zum anderen. Ich achte auf seine Erfahrung und Lebensreise. Ich achte ihn als Person. Das birgt ein persönliches Risiko. Wenn ich aufrichtig den Wunsch habe, mit einem anderen zu interagieren, hat das Einfluss auf meine Erfahrung und Lebensreise. Sie werden geformt und gestaltet. Ich will etwas von meinem Gegenüber lernen und etwas über mich selbst lernen.

Zuhören ist wie ein Gebet

Es kommt noch ein zweiter, faszinierender Gedanke hinzu. Wenn wir uns um die Kunst des Zuhörens als eine geistliche Übung bemühen, erscheint auch das, was wir beim Zuhören tun, in einem anderen Rahmen. Dieser Perspektivwechsel (*reframing*) basiert auf dem Gedanken, dass wir Bedeutung schaffen, wenn wir Dinge miteinander verknüpfen, und unterschiedliche Zuordnungen liefern unterschiedliche Bedeutungen.[8]

Die Reaktion meines Sohnes auf seine »Babysitterin« ist ein gutes Beispiel hierfür. Wenn seine ältere Schwester Angie in der Schule war, wurde Joshua häufig für ein paar Stunden in der Woche zu einer Nachbarin gebracht. Das gefiel ihm nicht. Wenn wir den Ausdruck »Babysitterin« gebrauchten, rebellierte er. Zur Babysitterin zu gehen bedeutete, abgeschoben zu werden, zu einer Fremden zu gehen oder welches andere Bild sich im Kopf unseres Vierjährigen gebildet haben mochte.

Wir gingen dazu über, diese Zeit und diesen Ort »Schule« zu nennen, und die Babysitterin Lehrerin. Jetzt assoziierte Joshua diesen Vorgang mit dem, was seine große Schwester tat, und er war zufrieden. Es hatte eine positive Bedeutung bekommen. Dieselbe Bedeutung hatte nun eine ganz andere Verknüpfung.

Das gilt auch für das Zuhören. Vieles von dem, was technisch über das Zuhören gelehrt wird, wird mit bestimmten Berufsfeldern in Verbindung gebracht. Meiner Meinung nach verlassen wir uns auf eine enge und unnötig oberflächliche Verknüpfung. Daher ist es nicht erstaunlich, dass wir das Zuhören in erster

---

8 Siehe Paul Watzlawick u. a.: *Lösungen – Zur Theorie und Praxis menschlichen Wandels*, Hans Huber, Bern/Stuttgart/Wien [8]2013.

Linie als Technik verstehen. Ich glaube, dass das Gebet noch am ehesten dem biblischen und geistlichen Phänomen des Zuhörens nahe kommt. Der Zweck dieses Kapitels ist nicht, die Bedeutung von Gebet umfassend zu erforschen und zu erklären. Doch es gibt eine Reihe von Merkmalen zu bedenken, vor allem im Zusammenhang mit Konflikten und Versöhnung.

Ich verstehe Gebet als eine andauernde Beziehung zu und ein andauerndes Gespräch mit Gott. Ich spreche aus, was meinen Geist und mein Herz belastet, und möchte erkennen, was Gott für mich bereithält. Letzteres kann nur durch einen Prozess des Lernens entdeckt werden. Ich muss den Lärm und die Unruhe in meinem Geist und die Hektik meines Alltags ausklammern. Ich tue das, damit ich mich konzentrieren und Gottes Stimme zu mir reden lassen kann, und damit ich Gottes Stimme wahrnehme.

Dazu gehören Disziplin und eine Haltung des aufmerksamen Bewusstseins. Im aufmerksamen Bewusstsein achte ich auf die Gegenwart Gottes in den alltäglichsten Dingen. Disziplin setzt eine beständige Bereitschaft voraus. Ich muss mich darum bemühen, sonst geschieht es nicht.

Der Wunsch nach Beziehung und Liebe unterstützt aufmerksames Bewusstsein und Disziplin. Beim Gebet geht es nicht so sehr um Worte oder Formeln. Gebet ist aufmerksames Bewusstsein und Disziplin, die auf Beziehung und Liebe basieren. Diese Kombination schafft den Raum für Interaktion, Transparenz und Verständnis. Wenn wir diese Dinge beherzigen, gelingt es uns, aufrichtig zuzuhören.

Zuhören ist Gott suchen

Gebet und Zuhören als geistliche Übung führt zu der Erkenntnis, dass aufmerksam zuhören Gott suchen ist. Angesichts der Tatsache, dass es hier darum geht, wie wir Konflikte besser verstehen können, ist das ziemlich erstaunlich. In Konfliktsituationen wird es häufig laut, und es gibt Phasen tiefer, stiller Distanz. Wie ist es möglich, in solchen Situationen Gott zu finden? Wie kann es als heilig verstanden werden, wenn ich meinem Feind zuhöre? Das setzt einen zumindest zweifachen Prozess voraus.

Erstens: In der früheren Diskussion über Genesis habe ich darauf hingewiesen, dass in jedem Menschen »etwas von Gott« liegt (siehe Kapitel 2). *Zweitens:* Gott bewegt und spricht zu jedem von uns, ob wir uns dessen nun bewusst sind oder nicht. Dies führt zu einer einfachen, aber sehr tief greifenden Schlussfolgerung. Aufrichtig um Verständnis bemüht, bieten wir den Raum, aufeinander zu hören. Auf diese Weise tragen wir dazu bei, den anderen und uns selbst die Gelegenheit zu geben, mit dem in Berührung zu kommen, was Gott möglicherweise sagt und gegenwärtig tun möchte.

Ich nenne das »prophetisches Zuhören«, ein Begriff, den ich erstmals bei Elise Boulding kennengelernt habe. Während eines Konflikts ergreifen viele Propheten das Wort, häufig recht lautstark. Jeder erhebt Anspruch auf die Wahrheit, als sei sie allein sein Eigentum. Nur wenige Propheten hören zu. Prophetisches Zuhören, so wie ich es sehe, ist die Übung, meinem Gegenüber auf eine Art zuzuhören, die ihm hilft, mit dem in Berührung zu kommen, was Gott ihm sagt (vgl. 1. Korinther 4,29; 1. Thessalonicher 5,20–21).

In diesem Sinne lässt sich prophetisches Zuhören so verstehen, als würde man die Person, der wir zuhören, auf eine Reise begleiten. Diese Art des Zuhörens bewirkt, was wenig anderes bewirken kann. Es hilft uns, die Gegenwart und Leitung der Wahrheit Gottes zu spüren.

Auswirkungen für Gemeinden

All dies hat tiefe Auswirkungen darauf, wie wir über Konflikte denken und damit umgehen – auf allen Ebenen, aber vor allem bei großen oder kleinen Streitigkeiten und Auseinandersetzungen im Umfeld der Gemeinde. Wenn wir das Zuhören als eine geistliche Übung verstehen, als Gebet und Suchen Gottes, dann erkennen wir, dass Gott durch andere zu uns spricht.

Unsere Fähigkeit, auf Gott zu hören, ist nur so groß wie unsere Fähigkeit, in einem Konflikt aufeinander zu hören. Ich meine das so, wie ich es gesagt habe. Unsere Fähigkeit, zuhören zu können, wird nur in einer schwierigen Situation auf die Probe gestellt, nicht, wenn alles in Ordnung ist. Zuhören ist viel mehr als eine Technik zur Verbesserung der Kommunikation. Beim Zuhören geht es um den Prozess der Beziehung. Es geht darum, sich der Wahrheit zu verpflichten und Gott zu suchen.

Die Bedeutung von Apostelgeschichte 15 für die Gemeinde kann gar nicht genug betont werden. Die dort geschilderten Vorgänge zeigen uns, dass die Gemeinschaft der von Gott Geliebten kein statisches Ergebnis unserer Arbeit ist. Sie ist ein dynamischer Prozess der Interaktion und des Wachstums. Konflikte sind keine Störung in unserem sonst so friedlichen Leben und sollten auch nicht so gesehen werden. Konflikte bieten eine Arena für Offenbarung.

Versöhnung wird verstanden als ein Ort, den wir zu erreichen suchen, aber auch als die Reise, die wir miteinander antreten. Dieser Einblick in Apostelgeschichte 15 liefert ein lebendiges Beispiel für diesen Gedanken. Ein Konflikt bietet Gott die Möglichkeit zum Reden. Dies kann geschehen, wenn wir das Zuhören als eine geistliche Übung verstehen, wie das Gebet, und uns selbst auf die Reise machen, Gott gemeinsam zu suchen.

Impulse zur Vertiefung und Reflexion

1. Bemühen Sie sich, mit Ihrer Glaubensgemeinschaft, einer kleinen Gruppe oder einer Gruppe guter Freunde zu benennen, was in Ihrer Stadt oder Nachbarschaft besonders im Argen liegt.
2. Versuchen Sie herauszufinden, welche Gruppen durch diese Probleme besonders betroffen sind und welche einflussreichen Persönlichkeiten und Organisationen auf eine Erneuerung hinarbeiten.
3. Laden Sie eine Gruppe von Männern und Frauen, die für die von dem Problem Betroffenen repräsentativ sind und sich für eine Lösung einsetzen, zu einer Zeit des Zuhörens und Lernens ein.
4. Seien Sie ein guter Gastgeber für diese Menschen, indem Sie eine sichere Umgebung schaffen zum Zuhören und Lernen. Laden Sie Ihre Gäste ein, Ihnen und sich gegenseitig zu helfen:
5. Definieren und verstehen Sie das Problem: Wo liegen die Ursachen? Wer sind die Betroffenen und wie sehen die Folgen aus, wie fühlen sie sich an? Was sind die Folgen historischer Versuche, das Problem zu lösen? Wenn ungleiche, fremde oder sich unterscheidende Perspektiven und Erfahrungen des Problems deutlich werden, schaffen Sie einen Raum für Neugier, damit ein ganzheitlicheres Verständnis möglich wird.
6. Bieten Sie einen konkreten Dialog um die folgenden Fragen herum an: Welche Schritte können wir in den folgenden zehn Tagen, zehn Wochen und zehn Monaten gemeinsam unternehmen, um die Erneuerung dessen, was zerbrochen ist, zu erreichen? Legen Sie eine Reihe von nachfolgenden Gesprächen im selben Zeitrahmen fest, um die Zusammenarbeit zu vertiefen und weiter voneinander zu lernen.

KAPITEL 9

Versöhnung ist das Evangelium: *Die Briefe des Paulus*

ALS ICH AN EINEM MENNONITISCHEN College unterrichtete, erzählte mir einer meiner Kollegen von einem Gespräch, das er mit einigen Mitgliedern einer mennonitischen Gemeinde geführt hatte. Sie hatten gefragt: »Wann werden die mennonitischen Gemeinden und ihre akademischen Zentren endlich aufhören, die Friedensthemen so stark in den Mittelpunkt zu stellen und sich wieder auf das Evangelium konzentrieren?«

»Was würdest du darauf antworten?«, wollte mein Kollege wissen. Er wartete auf meine Antwort.

»Ich bin vielleicht nicht der richtige Ansprechpartner für eine solche Frage«, erwiderte ich, denn mir war bewusst, dass meine Antwort diesen Schwestern und Brüdern nicht gefallen würde.

»Meine Antwort ist folgende: Versöhnung *ist* das Evangelium.«

Der Zweck des Auftrags Gottes

In früheren Kapiteln und durch die unterschiedlichsten Geschichten habe ich dargelegt, dass Versöhnung eine Reise ist. Auf dieser Reise begegnen wir Gott und uns selbst. Diese Reise ist meiner Meinung nach der Kern des Evangeliums. Sie steht im Mittelpunkt dessen, was Gott für die Menschen und mit den Menschen vorhat.

In christlichen Kreisen sind wir viel zu oft von der Annahme ausgegangen, dass Versöhnung eine Nebenerscheinung, ein Nebeneffekt des Glaubens, Bekenntnisses und der Bekehrung eines Einzelnen ist. Nach dieser Sichtweise ist Versöhnung ein Produkt eines korrekten Glaubens. Doch ich behaupte, dass Versöhnung eher als eine Reise verstanden werden sollte.

Dann allerdings müssen wir unser Denken und Handeln anpassen. Wenn Versöhnung eine Reise und nicht nur ein Nebenprodukt ist, bedeutet das, dass Versöhnung ein zentrales, ein definierendes Beispiel dafür ist, wer und wie Gott in dieser Welt ist.

Für mich ist Versöhnung der Auftrag, um den herum wir Gottes Wirken in der Geschichte begreifen und sehen. Ich glaube, dass die Art, wie Gott beschlossen hat, im Lauf der Geschichte gegenwärtig zu sein und zu handeln, eine Methodik der Versöhnung aufzeigt. Unser Auftrag ist es, uns auf Gott auszurichten, der wirkt, um alles zusammenzubringen, um die ganze Schöpfung zu versöhnen – in erster Linie die zerbrochene, sich selbst entfremdete Menschheit. Dies ist die »alles umfassende Erneuerung«, die alle Familien auf der Erde segnen soll (Apostelgeschichte 3,20–26; Kolosser 1,20).

Gottes Auftrag in unserer Welt wird sichtbar gemacht durch die Fleischwerdung, die Art, wie das Wort Fleisch wird. Darum ist das Bemühen um Frieden, Gerechtigkeit und Versöhnung kein Steckenpferd für ein paar Wenige. Versöhnung heißt, zum Kern des Evangeliums vorzustoßen und das Evangelium zu leben.

In diesem Kapitel geht es um das Wesen dieser Reise und die Eigenschaften der Liebe Gottes. Ich beziehe mich hier darauf, wie Paulus Christus sieht, der durch das Kreuz alle Dinge zusammengebracht hat.

Alle Dinge kommen zusammen

Im Brief an die Kolosser schreibt Paulus, dass es Gott gefiel, durch Christus alle Dinge mit sich selbst zu versöhnen, und dass in Christus alle Dinge zusammengehalten werden (Kolosser 1,17.20). An die Epheser führt er aus, dass Christus durch das Kreuz die trennende Mauer der Feindschaft niedergerissen und in sich eine neue Menschheit geschaffen hat, die miteinander und mit Gott versöhnt ist (Epheser 2,13.14).

Wir haben diese Ausführungen im Allgemeinen als eine theologische Abhandlung über Sühne interpretiert, die zu einem heiligen Leben führt. Wir neigen dazu, Sühne als einen Akt des Opfers zu sehen. Durch dieses Opfer begleicht Jesus durch seinen Tod am Kreuz unsere Sünde vor Gott, unserem Schöpfer. Als solches wird Sühne verstanden als ein ritualhafter Akt der Reinigung, häufig reduziert auf die Beziehung zwischen einer Person und Gott: Das Blut Christi am Kreuz versöhnt einen schuldhaften, sündigen Menschen mit Gott. Heiligkeit bedeutet dann offenbar, dass wir uns selbst rein halten, auf Distanz zu allem, was böse und sündig ist.

Ironischerweise wird durch dieses Gedankengebäude das Verständnis nicht nur von Sühne und Heiligkeit, sondern von dem Wesen des Auftrags Gottes eingeengt. Wir wollen unseren Blick weiten, indem wir uns die mutige und verwegene Sichtweise des Paulus zu eigen machen. Er sagt mit einfachen Worten, dass es Gottes Absicht und Anliegen ist, alle Dinge zusammenzubringen. Dies ist eine Vision der Versöhnung, die wir im Kern der guten Nachricht finden. Gott bewegt sich auf uns zu, um in Ordnung zu bringen und zu heilen, was auseinandergerissen ist. Gottes Anliegen ist Versöhnung.

Als Ausgangs- und Bezugspunkt verändert diese Sichtweise unser Verständnis von Sühne und Heiligkeit. Sie veranlasst uns zu einer Neueinschätzung, und dazu, eine kritische und hinterfragende Haltung zu unserem Auftrag, unserem Platz in der Welt und unserer Rolle im Wirken Gottes in der Geschichte zu entwickeln.

Aus Sicht des Paulus bedeutet Sühne nicht nur ein Opfer, das die Schuld eines Einzelnen begleicht. Eine größere Betonung liegt auf der Sühne als einem persönlichen, sozialen und politischen Prozess der Versöhnung und Heilung. Heiligkeit will keine Grenzen errichten, um die Reinheit zu erhalten. Vielmehr zeigt sich Heiligkeit in den Menschen, die die versöhnende Liebe Gottes verkörpern und sich auf die Probleme und Beziehungen des wirklichen Lebens einlassen, mit allen Zwiespältigkeiten, die sie mitbringen.

Eine neue Menschheit

Mit dieser Sichtweise wollen wir uns eingehender beschäftigen, indem wir Epheser 2, Verse 11 bis 22, einmal aus dem Blickwinkel von Versöhnung als Auftrag betrachten. Paulus berichtet von zwei Völkern, die getrennt und einander entfremdet waren. Und dann schreibt er:

> Jetzt aber in Christus Jesus seid ihr, die ihr einst Ferne wart, Nahe geworden durch das Blut Christi. Denn er ist unser Friede, der aus beiden eines gemacht hat und den Zaun abgebrochen hat, der dazwischen war, nämlich die Feindschaft. Durch das Opfer seines Leibes hat er abgetan das Gesetz mit seinen Geboten und Satzungen, damit er in sich selber aus den zweien einen neuen Menschen schaffe und Frieden mache und die beiden versöhne mit Gott in einem Leib durch das Kreuz, indem er die Feindschaft tötete durch sich selbst (Epheser 2,13–16).

Paulus beginnt mit dem Hinweis auf Völker, die getrennt sind, Feinde, voneinander entfernt, Fremde, die abseits stehen. Durch Christus jedoch wurde die trennende Mauer der Feindschaft niedergerissen. In Christus sind die, die einst Feinde waren, jetzt versöhnt zu einer neuen, einzigen Menschheit. Ich stelle hier zwei Eigenschaften fest, von denen keine besonders feierlich oder symbolhaft ist. Im Gegenteil, sie sind sogar ziemlich nüchtern und organisch.

Erstens: In dem ganzen Text bezieht sich Paulus immer wieder auf verfeindete Völker. Er bezieht sich auf die Juden und die Heiden, also auf nicht unähnliche Weise verfeindete Völker wie die Hutus und Tutsis in Ruanda, die indigenen Amerikaner und solche europäischer Abstammung oder die Christen und Muslime in Nigeria. Diese Menschen haben sich gegenseitig verletzt und getötet. Sie halten sich voneinander fern, weil sie sich bedroht und ungerecht behandelt fühlen. In dem Text wird durchgängig Bezug genommen auf sie als Gruppe, nicht als Einzelpersonen. Die abschließende Versöhnung schafft eine neue Menschheit, indem sie die Gruppen zusammenbringt.

In diesem Text geht es bei Versöhnung buchstäblich um einen dynamischen Gruppenprozess, eine Reise, auf der sich verbitterte Feinde mit tief empfundener Feindseligkeit versöhnen. Christus pflügt den Boden, in dem jahrhundertelang die Samen und Wurzeln des Hasses gesät und gehegt wurden. Joe Campbell, mein Kollege aus Nordirland, sagte: »Wir müssen uns um unseren Boden kümmern, der die Bitterkeit und den Zorn hervorbringt.« Es ist ein persönlicher, gleichzeitig aber auch ein sozialer und politischer Prozess. Und keinesfalls ein rein auf das Individuum bezogenes Ereignis.

Zweitens: Paulus beschreibt Christus als eine Person, durch die neue Beziehungen aufgebaut werden. Und wieder fällt mir auf, wie nüchtern und organisch diese Beschreibung ist. Im Leben Jesu zeigt sich Heiligkeit mehr als alles andere durch seine andauernde Bewegung auf Menschen zu, auf ihren Schmerz und auf die Bildung neuer Beziehungen.

In diesem Text erklärt Paulus, dass durch Christus, durch eine Person, welche die Grenzen der Feindschaft überwindet, durch sein eigenes Fleisch und seine Person, Feinde über die Grenzen der Feindseligkeit hinweg sich begegnen und zusammengehalten werden. Auf diese Weise bilden sie ein neues Menschsein, eine neue Beziehung. Bewegung in die Beziehung hinein ist bei der Methodik des Auftrags Gottes unverzichtbar.

Aus der Perspektive Gottes ist das Beispiel Jesu Christi klar. Nur durch Menschen, die diese Reise über die soziale Trennungslinie hinweg wagen, wird Versöhnung möglich. Auf diese Weise tragen sie dazu bei, die versöhnende Liebe Gottes deutlich zu machen. Mit anderen Worten, durch Menschen, die die Grenzen der Feindschaft überwinden, wird eine neue Beziehung zwischen Feinden möglich.

Versöhnung statt Reinheit

In den vergangenen Jahrhunderten haben einige Christen, unter anderen auch die Mennoniten, die Denomination, in der ich zu Hause bin, sich vorgenommen, den Begriffen Sühne und Heiligkeit eine Form zu geben durch das Motto: »Wir sind in der Welt, aber nicht von der Welt« (siehe Johannes 17,16). Durch diesen Text wird Abweichung von der Norm legitimiert. Wir treffen also eine bewusste Entscheidung, uns nicht dem Druck zu beugen und an unsere Umwelt angepasst zu leben, sondern ausschließlich nach den Maßstäben und der Ethik des Reiches Gottes (siehe auch Römer 12,2).

Doch eigentlich diente dieses Motto uns häufig als Vorwand, uns von der Welt zurückzuziehen und unsere Gemeinschaften von der Welt zu isolieren. Weil wir nach Heiligkeit streben, ist es unser Bestreben, die Welt um uns herum zu kontrollieren, damit wir weniger Gelegenheit haben zu versagen. In unserem alltäglichen Leben haben wir die Betonung auf den zweiten Teil des Mottos, »nicht von der Welt«, gelegt.

Ironischerweise scheint Gott durch Jesus Heiligkeit und Sühne mit der Betonung auf den ersten Teil des Mottos, »in der Welt«, angegangen zu sein. In der Welt herrschen Chaos und Gewalt. Gottes vorbildhaftes Kind Jesus wurde in der Welt gebraucht, um deutlich die Richtung anzuzeigen, eine ganz andere Richtung, als die Menschen eingeschlagen haben. Durch Gottes Beispiel in Jesus bedeutet »in der Welt, aber nicht von der Welt« zu sein, dass wir uns auf die Nöte der Menschen zu bewegen und uns entscheiden, in dem Chaos zu leben. Auf diese Weise kann Gottes versöhnende Liebe als Alternative bekannt gemacht werden.

Von diesem Standpunkt aus gesehen geht es bei Sühne und Heiligkeit nicht um die Einführung eines angemessenen Rituals und die Erhaltung der Reinheit des Einzelnen. Es geht vielmehr um das Eintreten in Beziehungen und die Ingangsetzung dynamischer sozialer Prozesse, die dazu beitragen, den Raum zu schaffen, damit eine neue Mitmenschlichkeit entstehen kann. Wir entscheiden uns bewusst für die Reise auf diejenigen zu, die tiefste Spaltung und Trennung erlebt haben, weil dies Gottes Anliegen und das Vorbild Christi ist.

Echte Sühne

Ich denke, die Sichtweise von Paulus führt uns zu einer einfachen Schlussfolgerung: Gott ist am Werk, um alle Dinge zusammenzubringen. Der Zweck ist zu heilen und die Menschen miteinander und mit Gott zu versöhnen. Gottes Anliegen ist gleichzeitig unseres. Uns wurde genau dieser Dienst der Versöhnung anvertraut (2. Korinther 5,18–20).

Bei diesem Dienst, so formuliert es Paulus, dreht es sich nicht nur um die Erlösung des Einzelnen. Es geht darum, Trennungen anzuschauen und Menschen in ihren Beziehungen zu anderen und zu Gott zu heilen. Es geht darum, sich Gottes Anliegen der Versöhnung anzuschließen und Brücken zu bauen und die trennenden Mauern der Feindschaft zwischen Einzelnen und Gruppen niederzureißen.

Echte Sühne und Heiligkeit setzen uns in Bewegung, die versöhnende Liebe Gottes in unserem Leben Wirklichkeit werden zu lassen und unsere zerbrochenen Gemeinschaften auf der ganzen Welt zu heilen. Unser Auftrag ist es, den Weg zu beschreiten, auf dem alle Dinge zusammenkommen.

Pedritos Traum

Wir leben in einer Zeit der schnellen Veränderungen, am Beginn eines neuen Jahrhunderts, in dem wir bereits große Verheißungen, Herausforderungen und Schmerzen erlebt haben.

Bei verschiedenen Gelegenheiten, zum Beispiel als die Berliner Mauer fiel und bei den gewaltlosen Aktionen des arabischen Frühlings, haben wir gefragt: »Ist der Traum vom Frieden vielleicht doch gar nicht so abwegig?« Manches Mal haben wir gehofft und gefeiert. Wir alle spüren, wie uns die Worte des Dichters Robert Frost berühren: »Da ist etwas, das keine Mauer liebt.« Vielleicht ist Frieden doch kein utopischer Traum, denken wir.

Doch dann wieder, zum Beispiel während des Golfkriegs, am 11. September, bei der Invasion Afghanistans und den Massenmorden in Ruanda und Syrien, erleben wir den Ausbruch unvorstellbarer Gewalt. Sie flimmert über unsere Bildschirme, wird in unseren Zeitungen beschrieben, und wir sind wie erstarrt, während die Todesmaschinerie mit ihrer modernen Effekthascherei, ihrer schieren Macht und fortgeschrittenen Technologie unsere Augen und Fantasie fesselt. »Was ist aus dem Traum vom Frieden geworden?«, stammeln wir, und unsere Stimmen werden übertönt vom Schlachtenlärm. Wir hören Rufe nach Sieg und Unterstützung unserer Truppen zur Vergeltung früheren Versagens. Wir verfallen in ein beinahe tödliches Schweigen. Unser Traum von Frieden ist irreal und wertlos. Wir sehen zu, wie in Somalia, Ruanda, Afghanistan, der Demokratischen Republik Kongo, Syrien und in unseren eigenen Städten unbeschreibliche Gräueltaten geschehen – Gewalt, die unsere Sinne betäubt und uns lähmt. Dies sind schwierige Zeiten für Träume.

Ich werde erinnert an enge Freunde aus Nicaragua. Wir veranstalteten einen Workshop mit einigen wichtigen Führungspersönlichkeiten lokaler und regionaler Friedenskommissionen, die ursprünglich unter dem Zentralamerikanischen Friedensplan entstanden waren. Bei diesem Treffen erzählten mir meine Freunde aus ihrer Mediationsarbeit. Einer von ihnen war Pedrito.

Obwohl Pedrito nur geringe Schulbildung hatte, war er ein gewählter Führer einer kooperativen Bewegung, die mehr als 2000 *Campesinos* vertrat. Er berichtete, wie viel Mühe es ihn kostete, zu Fuß oder zu Pferd mehr als fünf Tage in die Berge zu wandern. Dort suchte er Widerstandskämpfer auf, die noch immer bewaffnet waren. Er wollte mit ihnen gemeinsam Brücken bauen und ihnen Mut machen, ins Tal zu kommen und ihren Feinden gegenüberzutreten. Anschließend machte er sich wieder zu Fuß auf den fünftägigen Rückweg, um sich mit den Vertretern der Regierung und der Armee zu treffen und sie dazu zu bringen, sich mit den Führern dieser Widerstandsorganisation zu treffen.

Ich fragte meine Freunde, warum sie solche gefährlichen Aufgaben übernähmen. Pedrito antwortete: »Wir alle wünschen uns Frieden. Uns, die wir die gute Nachricht kennen, ist der Dienst der Versöhnung übertragen worden. Das ist unsere Aufgabe, unsere Verantwortung.«

Eines Nachmittags aßen wir in der heißen Sonne Managuas zu Mittag. Pedrito hatte im Hotel um einen Sack gebeten. Er füllte ihn mit großen Samenhülsen, die von einem großen

Guanacaste-Baum auf die Veranda fielen. Ich fragte ihn, was er da tue, und er erwiderte: »In meiner Heimatregion werden die Wälder abgeholzt. Ich möchte diese Samen für meine Leute mitnehmen. Hier scheint sie niemand haben zu wollen.«

Das Bild, wie Pedrito mit dem großen weißen Sack mit Guanacastesamen auf dem Rücken zur Bushaltestelle wanderte, wird mir in Erinnerung bleiben. Dies war ein Sack voller Träume für sein Volk und ein Symbol. Er hatte sich den Dienst der Versöhnung zu eigen gemacht, der nicht nur eine Brücke schlägt zwischen Menschen, die im Streit leben, sondern auch der Schöpfung zurückgibt, was Gott geschenkt hat. Die Ernte der Gerechtigkeit, so hören wir, wird in Frieden gesät für die, die Frieden stiften (Jakobus 3,18).

Pedrito ist ein Träumer. Seine Füße sind geerdet in den Realitäten seines Heimatlandes Nicaragua, und sein Kopf steckt in den Wolken. Tagein, tagaus lebt er den Traum, dass Dinge sich ändern können. Jeder von uns braucht seinen eigenen großen Sack mit Guanacastesamen, unseren Sack voller Träume, den wir auf unserem Weg mitnehmen.

Sam Does Traum

Vor mehreren Jahren hatte ich das große Privileg, mit Sam Doe zu arbeiten, zu lehren und von ihm zu lernen. Sam kommt aus Liberia, wo er während der langen Jahre der ethnischen Auseinandersetzungen und Gewalt den Boden für den Friedensprozess bereitet hat. Er erzählte mir, wie er dazu gekommen war, mit Kindersoldaten, die im liberianischen Krieg zu einem gewöhnlichen Anblick geworden waren, zu arbeiten.

Sam hatte zusammen mit der *Christian Health Association* von Liberia eine Reihe von Workshops entwickelt. Gemeinsam begannen sie, sich um kleine Kinder zu kümmern, die für die eine oder andere Interessengruppe im Krieg gekämpft hatten. Sam erzählt von einem jungen Mann mit Namen Korte. Er war als kleines Kind in die Kampftruppe geholt worden. Wurden die Kinder bereits im frühen Alter von neun bis zwölf Jahren eingezogen, schickte man sie häufig in genau die Gebiete und Dörfer, aus denen sie stammten, mit dem Auftrag, alles zu zerstören.

Die Warlords gaben den Jungen den Auftrag zu solchen Gräueltaten, um Loyalität in ihren Herzen und ihrem Geist entstehen zu lassen. Auf diese Weise schufen sie eine Abhängigkeit der Jungen von den Milizen. Ihre Sicherheit, ihr Leben und ihre Zukunft wurden allein von den militärischen Führern bestimmt. Korte war zehn, als er auf diese Weise umerzogen wurde.

Als Sam ihm begegnete, befand er sich in einem Flüchtlingslager und wurde von Halluzinationen gequält, hervorgerufen durch seine jüngsten Gewalterfahrungen und die vielen Drogen, die man ihm ständig verabreicht hatte. Sam arbeitete mit ihm tagaus, tagein. Korte litt unter visuellen und akustischen Visionen, die ihn zu Gewalt drängten. Er behauptete, seine Großmutter verlange diese Dinge von ihm. Sam erklärte ihm, dass er, wann immer er eine solche Vision hätte, zu ihm kommen solle. Bei zahllosen Gelegenheiten war Sam gezwungen, in gewalttätige Auseinandersetzungen einzugreifen und Korte in die Realität zurückzuholen.

Doch eines Tages musste Sam für eine Woche in das Nachbarland Elfenbeinküste reisen. Als er zurückkehrte, teilten ihm seine Kollegen mit, dass Korte tot sei. Nur wenige Tage zuvor war Korte mit schlimmen Halluzinationen ins Büro gekommen. Er behauptete, er sei ein Prinz, der Sohn des Königs der Küste, und sein Vater rufe ihn nach Hause. Kurz darauf stürzte er sich in die salzige Brandung der nahe gelegenen Küste und ertrank. Korte war nur sechzehn Jahre alt geworden. Sechs Jahre seines kurzen Lebens hatte er in einem Krieg der Erwachsenen ein Gewehr getragen.

Die Nachricht von Kortes Tod erschütterte Sam bis ins Innerste. Er erinnert sich, vom Büro aus gleich nach Hause gegangen zu sein. Einige Stunden später machte er sich auf den Weg zu dem Strand, wo Korte nur wenige Tage zuvor Suizid begangen hatte. Dort stellte sich Sam seinem Zorn und seiner abgrundtiefen Verzweiflung. Sein Zorn richtete sich anfangs gegen seine Kollegen. »Warum?«, hörte er sich sie anschreien, als wären sie da. »Warum habt ihr ihn nicht aufgehalten?«

Aber er war auch wütend auf sich. »Warum bin ich überhaupt in die Elfenbeinküste gereist? Warum bin ich nicht zu Hause geblieben?«

Und dann richtete sich sein Zorn gegen Gott. »Warum hast du einen kleinen Jungen erschaffen und dann zugelassen, dass er in die Hände solcher Gewalttäter fällt? Wo warst du, als Korte dich am dringendsten brauchte?«

Sam erzählt, dass er stundenlang am Strand entlanglief, hin- und hergerissen zwischen Tränen der Traurigkeit und des Zorns. Nach jenem langen Nachmittag kehrte er zurück mit einer neuen Überzeugung, die ihn durch die nächsten Stunden und Tage, Jahre und sein ganzes Leben tragen würde. »Ich werde mein Leben für die Arbeit mit Kindersoldaten einsetzen und dafür sorgen, dass diese wahnsinnige Gewalt nicht unser Land zerstört.«

Seit ich Sam kenne, spricht er über seinen Traum – den Traum, dass eines Tages Gerechtigkeit, Frieden und Versöhnung in Liberia Wurzeln schlagen und wachsen werden. Seither ist Sam durch ganz Westafrika und sein Heimatland Liberia gereist und hat Seminare gehalten zu Friedensarbeit, Traumaheilung und der Arbeit mit Kindersoldaten. An jenem Tag am Strand erwachten die Samenkörner eines Traums durch die Fluten der Verzweiflung und harten Realität zum Leben.

Sams Füße sind tief in die Erde seines Heimatlandes eingegraben, die Erde, die durchtränkt ist von viel zu viel Blut und

Leid. Mit seinem Kopf scheint er weit abgehoben von den Zwängen der Realität. Er glaubt so fest daran, dass Versöhnung möglich ist, dass er sein ganzes Leben dafür einsetzt.

Beschäftigt uns nicht alle diese Frage, vor der auch Sam stand? Welche Träume haben wir Menschen des Glaubens? Ist nicht der Traum von Versöhnung, wo alle Dinge zusammengebracht werden, eine reale Möglichkeit? Können unsere Träume und Überzeugungen angesichts der realen Herausforderungen des Alltags nicht doch die Macht der Veränderung haben? Sind dies nicht die Träume unseres Schöpfers? An was für einen Gott glauben wir?

Der Traum von Versöhnung

Ich glaube an den Gott der Geschichte, den Gott der Schöpfung, den Gott der Liebe und des Erbarmens, den Gott der unermesslichen Macht. Dieser Gott hat beschlossen, durch die Schwachen und Törichten zu wirken. Um Feinde zu retten, hat dieser Gott ein Kind hergegeben, den geliebten Sohn, den Sohn, den er über alles schätzte.

Ich glaube an einen Gott, der, wie eine Mutter oder ein Vater, jedes Kind auf dieser Erde durch die Augen eines Vaters oder einer Mutter sieht und nicht durch die Augen der Nationalität. Dieses Elternteil weint über den Schmerz und Tod, die einige seiner Kinder anderen zufügen.

Ich glaube an den Gott des Schalom, der uns einlädt, Teil des Traums vom neuen Königreich zu werden. Dort wird die Energie der Menschen dafür eingesetzt, die Kranken zu heilen, den Obdachlosen ein Zuhause und den Hungrigen zu essen zu geben. Dort wählen wir nicht die Waffen der Zerstörung, um unsere Differenzen zu klären, sondern die von Gott gegebenen Gaben des Verstandes und der Rede und die überwältigenden Kohlen der Liebe und des Mitgefühls (siehe Römer 12,20).

Ich glaube, dass Gerechtigkeit, Frieden und Versöhnung möglich sind. Ich glaube, dass sie geschehen werden.

Die Reise zur Versöhnung fordert uns auf, das Unmögliche für möglich zu halten. Wir sind gefangen zwischen den Realitäten, die wir um uns herum erleben, und unseren Träumen, doch wir dürfen das Eine nicht über das Andere stellen. Um auf Versöhnung zugehen zu können, müssen unsere Füße auf dem Boden stehen bleiben, verbunden mit dem Puls der Herausforderungen des realen Lebens. Doch mit dem Kopf sollten wir in den Wolken sein, dem Traum nachhängen, dass alles anders werden kann.

In Kolumbien gibt es ein Sprichwort: »Du musst so dicht am Boden sein, dass du das Gras wachsen hörst.« Dies ist die Herausforderung an uns: So dicht am Boden zu bleiben, dass wir spüren, wie die Feuchtigkeit eben dieses Bodens aus dem täglichen Leben, dem Schmerz und den Realitäten der Menschen emporquillt. Doch wir müssen auch unseren Träumen von dem, was sein könnte, so nahe sein, dass wir spüren und hören können, wie die Samenkörner, die vollgepackt sind mit Leben, unter der Oberfläche aufbrechen.

Der Glaube lockt uns, uns der Wolke von Zeugen anzuschließen. Wir sind eingeladen, uns mit Menschen zu vereinen, die sich ganz praktisch den Herausforderungen ihrer Zeit stellen und gleichzeitig den Mut haben, von dem zu träumen, was sein könnte und sein sollte.

Vor mehr als 50 Jahren rief Martin Luther King jr. die einfachen Worte: »Ich habe einen Traum.« Diese Rede hebt sich ab, nicht nur wegen Martin Luther Kings Ruf nach Rassengleichheit und Gerechtigkeit, sondern wegen seines Muts zu träumen.

Auf dieser Reise der Versöhnung behalten wir unsere Füße auf dem Boden und unsere Köpfe in den Wolken. Jetzt ist die Zeit für große Überzeugungen und große Träume. Lasst uns kühn träumen. Lasst uns kühn träumen, dass unsere Füße uns durch die uns herausfordernden Realitäten tragen, die wir um uns herum wahrnehmen.

Möge Gott uns die Unschuld schenken, zu träumen, und die Weisheit, den Mut und die Kraft, diese Reise anzutreten.

Impulse zur Vertiefung und Reflexion

Für Pastoren und Leiter

Um zu einem gemeinsamen Verständnis des Auftrags Gottes zu kommen, bieten Sie ein Gespräch zu den folgenden Fragen an:

1. Welches ist der Auftrag Gottes? Bitte ohne in Ihre Bibeln (oder Smartphones) zu sehen. Eine andere Formulierung der Frage wäre: Was hat Gott durch das Leben, den Tod und die Auferstehung Jesu erreicht? Notieren Sie alle Antworten auf einer Leinwand oder einer Flipchart. Achten Sie auf die Unterschiedlichkeiten und Ähnlichkeiten der Antworten.
2. Wie werden wir durch die Angebote in unserer Gemeinde dem Auftrag Gottes gerecht? Schreiben Sie die wichtigsten Angebote auf und ihre formulierten Ziele, sowie neue Definitionen des Auftrags Gottes, der darin zum Ausdruck kommt.
3. Was erfahren wir in 2.Korinther 5,18–20 über den Auftrag Gottes und die Berufung des Volkes Gottes?
4. Was müsste sich in unserer Haltung und unserem Umgang miteinander, in unserem Umfeld und in der Welt verändern, damit wir dem Auftrag Gottes der Versöhnung besser gerecht werden können?

Für uns alle

Benennen Sie einen Bereich in Ihrem persönlichen Leben, in Ihrem Umfeld oder in der Welt, in dem es Probleme gibt und Jesus Sie einlädt, dort tätig zu werden. Stellen Sie sich selbst die folgende Frage: Welche Schritte kann ich in den folgenden zehn Tagen, zehn Wochen und zehn Monaten unternehmen, um mich demütig »menschlichen Nöten zuzuwenden und Abhilfe zu schaffen«? Erstellen Sie eine Liste und sprechen Sie mit engen Freunden darüber. Bitten Sie sie, von Ihnen Rechenschaft zu verlangen und Sie auf dieser Reise zu begleiten.

Praxisteil

I. Hilfen zum Verständnis eines Konflikts

Zwischenmenschliche Konflikte

a. Verhaltensmuster

Carolyn Schrock-Shenk

Beim Umgang mit einem Konflikt entwickeln wir Menschen bestimmte Verhaltensmuster. Sehen Sie sich die unten aufgeführte Skala an und diskutieren Sie die Fragen, die sich an die Skala anschließen. Diese Muster können Einblick geben, dass Konflikte meistens systemisch sind.

0 1 2 3	4 5 6	7 8 9 10
Fürchtet oder kann Konflikte nicht leiden	**Akzeptiert Konflikte als normal**	**Betrachtet Konflikte als Wettstreit**
Läuft davon und/oder versteckt sich	Einladend und verbindlich	Stürzt sich hinein
Meidet oder gibt nach	Hört zu, um zu verstehen	Hört zu, um zu widersprechen oder eine Falle zu stellen
Möchte nicht verletzen oder verletzt werden	Der Gegenseitigkeit verpflichtet	Argumentativ/überheblich
Kann passiv oder aggressiv sein	Braucht nicht zu gewinnen	Siegen ist wesentlich
Die Beziehung ist das Wichtigste	Beziehung und Problem sind wichtig	Problem/Perspektive ist wichtiger als die Beziehung
Hände: Über der Brust gekreuzt	Hände: Ausgestreckt, Handflächen nach oben	Hände: Fäuste

5. Welche Zahl beschreibt am besten Ihr Konfliktmuster in den verschiedenen Umfeldern?
   - Mit Ihren Altersgenossen _____
   - Mit Ihrer Familie _____
   - An Ihrem Arbeitsplatz _____
   - In Ihrer Gemeinde _____

6. Welche Faktoren waren dafür bestimmend, dass Sie dieses Muster entwickelt haben (Kultur, Tradition, Persönlichkeit, biblisches Verständnis usw.)?
7. Würden Sie eines dieser Muster gern ändern? Wenn ja, welches? Wie könnten Sie eine Veränderung erreichen?

b. Fokussierte Kommunikation

Fokussierte Kommunikation ist eine Kombination aus fokussiertem Reden – darüber zu informieren, was in unserem Innern vor sich geht – und fokussiertem Zuhören – sich einzustellen auf den anderen. Unten aufgeführt finden Sie jeweils einige Eigenschaften.

Fokussiert reden

- Nicht fokussiertes Reden ist voll von *du, du, du* (Schuldzuweisung und Verurteilung).
- Fokussiertes Reden konzentriert sich auf sensible Informationen über *mich*: Meine Emotionen, Bedürfnisse, Ängste, Vorlieben und die Auswirkungen einer Situation (oder deines Handelns) auf mich.
- Fokussiertes Reden erkennt meine Verantwortlichkeit an und hält den Fokus darauf gerichtet.
- Fokussiertes Reden entschuldigt nicht mein Verhalten oder gibt die Schuld dafür dem Verhalten anderer.
- Fokussiertes Reden beinhaltet fokussiertes Hören auf mich selbst – mein Zentrum, mein Herz – und redet von da aus.

Fokussiert hören

- Haltung – speziell eine Haltung der Neugier, Demut und Offenheit zur Veränderung – ist viel wichtiger als Fertigkeiten.
- Beim Verstehen geht es nicht um Zustimmung, sondern um Respekt – auch den Respekt vor dem Recht des anderen auf eine Sichtweise, die *anders* ist als meine.
- Weniger auf die Worte achten, mehr auf die Bedeutung: Was ist das Wesentliche der Botschaft des anderen?

- Fokussiertes Zuhören bedeutet zu akzeptieren, dass ich in jeder Situation nur einen Teil der Wahrheit kenne (nur Gott sieht das Ganze; ich sehe nur »durch einen dunklen Spiegel«).
- Die andere Person oder Gruppe wird bereit sein zu hören, nachdem (und nur nachdem) sie gehört und verstanden wurde.

c. Konfrontation und Problemlösung

Unten aufgeführt finden Sie einige Punkte, die Sie im Hinterkopf behalten sollten, wenn Sie in einem Konflikt einen anderen zur Rede stellen und versuchen, ein Problem mit jemandem zu lösen, der eine andere Sichtweise oder Meinung hat als Sie.

Konfrontation

- Überprüfen Sie, ob das Problem es wert ist, angesprochen zu werden. Stellen Sie den anderen zur Rede, wenn Ihnen sowohl das *Problem* als auch die *Beziehung* wichtig ist.
- Planen Sie den Rahmen für dieses Gespräch. Suchen Sie einen passenden Zeitpunkt und Ort.
- Planen Sie den Gesprächsverlauf, verwenden Sie fokussierte Kommunikationsprinzipien:
  - Benennen Sie klar das Problem; legen Sie es ohne Bewertung und Urteil dar.
  - Beschreiben Sie Ihre Gefühle und die Auswirkungen des Problems oder der Situation auf Sie.
  - Erklären Sie es mit konkreten Punkten (nicht erfüllte Bedürfnisse und Erwartungen).
  - Sprechen Sie deutlich aus, was Sie wollen oder brauchen – in Form einer Bitte und nicht einer Forderung.
- Achten Sie auf Ihre nonverbalen Botschaften. Seien Sie positiv, nicht aggressiv oder passiv. Leidenschaft und starke Gefühle sind natürlich, aber wenn Sie zu leidenschaftlich oder energisch auftreten, kann das einschüchternd auf den anderen wirken und ist in der Regel kontraproduktiv.

Problemlösung

- *Sichtweisen mitteilen.* Wenn jede Partei ihre Sichtweise der Situation oder des Problems darlegt, hört der andere zu, um sie zu verstehen (nicht um eine Falle zu stellen), und wiederholt mit seinen eigenen Worten. Jede Person muss angehört und verstanden werden.
- *Probleme und Interessen identifizieren.* Identifizieren und einigen Sie sich auf die wichtigen Themen und die Interessen, die jedem dieser Themen zugrunde liegen. Worum geht es eigentlich bei diesem Konflikt und warum ist das wichtig für Sie?
- *Lösungsmöglichkeiten für jedes Problem identifizieren.* Seien Sie kreativ; denken Sie weiter. Es gibt immer mehr als zwei Möglichkeiten.
- *Verhandeln.* Welche Möglichkeit entspricht am ehesten den Interessen und stellt beide Parteien zufrieden? Win/win? Kompromiss? Einigkeit, uneinig zu sein?
- *Abschluss und Nachkontrolle.* Bekräftigen Sie die Beziehung, wenn Sie auseinander gehen und verständigen Sie sich darauf, im Kontakt zu bleiben.

Carolyn Schrock-Shenk ist Lehrbeauftragte für Friedens-, Gerechtigkeits- und Konfliktstudien am Goshen College in Goshen, Indiana. Sie dankt allen, die ihren Beitrag zu diesen Ausführungen geleistet haben.

Gemeindekonflikte

a. Die unausgesprochenen Gebote

John Paul Lederach

Während meiner Arbeit als Berater habe ich festgestellt, dass in Gemeindekreisen weithin die Ansicht herrscht, dass ein Konflikt Sünde sei. Dieser Meinung nach zeigt ein Konflikt, dass Menschen vom geraden und schmalen Weg abgewichen sind. Bei der Aufarbeitung des Konflikts und dem Weg durch den Konflikt geht es in erster Linie darum, dafür zu sorgen, dass die Menschen »mit Gott ins Reine kommen«.

Meine Erfahrungen haben mich diese vergeistlichte Sichtweise in Frage stellen lassen. Inzwischen bin ich zu einem anderen biblischen und theologischen Verständnis von Konflikt gekommen. Typischerweise betrachten wir einen Konflikt nicht als ein theologisches Problem, das bearbeitet werden sollte. In der Regel ist für uns eine Partei, die sich gegen »unsere Gruppe« stellt, gleichzeitig auch in Opposition zu Gott.

Angesichts eines Konflikts verfahren viele von uns in der Gemeinde nach einigen allgemein akzeptierten, aber unausgesprochenen Regeln und Richtlinien. Ich nenne sie die »unausgesprochenen zehn Gebote des Konflikts in einer Gemeinde«. Diese unausgesprochenen Gebote sind nicht nur in Gemeindekreisen zu finden. Sozialwissenschaftler würden anmerken, dass sie in einer Reihe von allgemeinen Dynamiken verwurzelt sind, welche die Eskalation eines Konflikts begleiten.

Die unausgesprochenen zehn Gebote des Konflikts in einer Gemeinde

1. *Du sollst nett sein.* Sei immer nett. Ja, ich sage dir, »Nettsein« ist das Wesen des christlichen Glaubens.

2. *Du sollst deinen Nächsten nicht in der Öffentlichkeit zur Rede stellen.* Konfrontation ist von Übel und lässt sich nicht kontrollieren. Falls jemals daran Zweifel bestehen sollten, siehe Gebot Nummer 1.

3. *Solltest du je die abscheuliche Erfahrung einer Konfrontation machen, sollst du nicht zuhören, was dein Feind sagt, sondern deine Verteidigung vorbereiten, während er noch spricht.* Ja, ich sage dir, wenn du zuhörst, entstehen Fragen, die deine Verteidigung schwächen und zu einem Kompromiss, Unreinheit, und, der Himmel möge es verhüten, Selbstreflexion führen könnten. Es ist gefährlich, deine Meinung zu ändern oder einzugestehen, dass du vielleicht im Unrecht warst. Die Wahrheit ist unveränderbar.

4. *Sprich nicht mit streitsüchtigen Leuten, die mit dir nicht einer Meinung sind oder die deinen »gerechten« Zorn erregt haben.* Du sollst dir andere Menschen suchen, mit denen du über sie sprechen kannst. Ja, mehr noch, liebe Brüder und Schwestern, sprecht nur mit freundlichen Zeitgenossen, die eurer Meinung sind. Dann werdet ihr die wahre Unterstützung der Gemeinschaft erleben.

5. *Denk daran, dass du edlen und anständigen Charakters bist, weswegen du deine Emotionen nicht in der Öffentlichkeit zeigen sollst.*

6. *Ihr Männer, seid rational.* Zeigt keine Schwäche durch Emotionen wie Weinen oder Zorn. Es ist besser für euch, euch einer Konfliktsituation zu entziehen und den Mund zu halten, statt unkontrollierte Emotionen zu zeigen.

7. *Ihr Frauen, ihr sollt euch nicht energisch verteidigen, noch ständig »nörgeln«, sonst beschimpft man euch.* Ihr sollt hinnehmen, dass eure Meinungen ignoriert werden, und akzeptieren, dass diese Meinungen später als gültig akzeptiert werden, wenn sie von einem Mann vorgebracht werden. Ihr sollt euch darüber nicht in Anwesenheit von Männern beschweren.

8. *Wenn dir die Vorgänge in deiner Gemeinde nicht gefallen, sollst du die Schuld dem Pastor geben.* Die meisten Probleme können auf den Pastor zurückgeführt werden. Wenn der Pastor ein Heiliger ist, dann gib die Schuld der Gemeindeleitung. Wenn die Gemeindeleitung sauber ist, gib die Schuld »ihnen«. Bleibe bei einem allgemeinen und nicht näher definierten »sie« oder »einige Leute, die ich kenne«. Wenn du niemanden findest, dem du die Schuld zuweisen kannst, verlasse die Gemeinde. Wahrlich, ich sage dir: Eine Gemeinde, in der es niemanden gibt, dem du die Schuld zuweisen kannst, ist es nicht wert, dass du ihr angehörst.

9. *Wenn du konfrontieren musst, spare deine Energie, Frustration und Verärgerung für die jährliche Sitzung über den Jahreshaushalt auf.* Gott hat die jährlichen Budgetberatungen gegeben, um der Gemeinde Läuterung zu bringen.

10. *Liebe Brüder und Schwestern in Christus, ich gebiete euch allen, ihr sollt keine Konflikte in der Gemeinde haben.* Konflikte sind ein Zeichen von Sünde. Ja, sollte ein Konflikt entstehen, betet, dass Gott eure abirrenden Feinde überzeugt und bekehrt.

Diese »zehn Gebote« karikieren unser Verhalten, aber ich glaube, dass diese unausgesprochenen Gebote die Erfahrungen vieler Menschen beschreiben. Solche Verhaltensweisen können unangenehm werden. Der Grund dafür ist, dass diese »Gebote«

einige typische Reaktionen widerspiegeln, die wir tatsächlich in einem Konflikt an den Tag legen. Das ist, was wir erleben.

Ein Konflikt ist schmerzlich und unschön. Auf der theologischen Ebene ziehen wir uns aus der Affäre, indem wir sagen, ein Konflikt sei in erster Linie eine Frage der Sünde, »ihrer« Sünde. Auf einer persönlichen Ebene suchen wir viele verschiedene kluge Wege, um zu vermeiden, dass wir uns dem Konflikt stellen müssen. Wir suchen Rechtfertigungen dafür, dass wir dem Konflikt aus dem Weg gehen, statt auf ihn zuzugehen. Viel zu oft geschieht es, dass wir unsere Theologie an unser Verhalten anpassen. Um zu rechtfertigen, dass wir dem Konflikt aus dem Weg gehen, zitieren wir aus dem Zusammenhang gerissene Bibelverse: »Wenn jemand unter euch Spaltungen auslöst, verwarne ihn ein erstes und dann noch ein zweites Mal. Danach gib dich mit dem Betreffenden nicht mehr ab« (Titus 3,10, *Neues Leben Übersetzung*).

b. Veränderungen, die durch einen Konflikt entstehen können

Ein Konflikt bringt Veränderung. Er verändert Wahrnehmungen, Kommunikation, Beziehungen und die Struktur und Organisation von Gruppen. Ein Konflikt kann sehr schmerzlich und bedrohlich sein. Die schlimmsten Formen von Feindseligkeit können psychologische und körperliche Gewalt sein. In der Regel sind wir bemüht, das unter allen Umständen zu vermeiden.

Mehrere soziologische Muster haben bestimmte Folgen, wenn sie ungebrochen beibehalten werden. Wenn ein Konflikt eskaliert, neigen die Menschen zu Misstrauen und gehen auf Distanz zu denen, die ihrer Meinung nach anderer Ansicht als sie oder die Ursache für das Unbehagen sind. Es gibt weniger direkte und konkrete Kommunikation.

Denken Sie über einige der wichtigeren Veränderungen nach, die ein Konflikt auslösen kann.

Veränderung 1: Die andere Person wird zum Problem

In einer gesunden Beziehung sind wir in der Lage, bei Streitigkeiten und Meinungsverschiedenheiten mehrere Dinge gut zu machen. Wir können offen anerkennen, dass ein Konflikt existiert. Wir teilen die Verantwortung für den Umgang mit dem Konflikt. Wir arbeiten gemeinsam an den Problemen.

Doch wenn der Streit eskaliert oder wenn wir uns in Frage gestellt oder bedroht fühlen, wird unser Abwehrmechanismus aktiv, und eine erste Veränderung setzt ein. Anstatt die Verantwortung für das Problem mit der anderen Person zu teilen, wird die andere Person für uns zum Problem.

Diese einfache Veränderung ist kaum wahrnehmbar, aber dafür verantwortlich, dass sich ein Konflikt in eine polarisierende und destruktive Richtung bewegt. Wenn wir vorwiegend oder ausschließlich in der Meinung agieren, dass die andere Person das Problem ist, sind die Lösungswege darauf ausgerichtet, die Person zu verändern, von dieser Person wegzukommen, oder im schlimmsten Fall, die Person loszuwerden.

Viel zu häufig ist der Konflikt für uns eine Schlacht, die gewonnen werden muss, und nicht ein Problem, das wir in der Beziehung klären müssen. Wir denken, dass sich das Problem in Luft auflöst, wenn wir die Person ausschalten. Diese Sichtweise beginnt mit der ersten üblichen Verschiebung in der frühen Phase des Konflikts: Die andere Person wird als Problem gesehen.

Veränderung 2: Streitpunkte vermehren sich

Die zweite große Veränderung hat mit den Streitpunkten zu tun. Achten Sie einmal darauf, wie Sie reagieren, wenn Sie zur Rede gestellt werden. »Ja, und was macht dich zu so einem Heiligen? Ja, aber erst letzte Woche habe ich gesehen, wie du …«

Plötzlich sprechen Sie ein ganz anderes Problem an, das die Aufmerksamkeit ablenkt von den Fragen, die Ihre Freundin gerade gestellt hat. Sie kontert vielleicht mit einer anderen Sache, die sie beschäftigt. Die Diskussion geht durcheinander. Sie beide kommen von einem Thema auf das nächste, ohne Schlussfolgerung oder Klärung.

Die Streitpunkte vermehren sich. Dies ist ein häufiges Phänomen, wenn der Konflikt eskaliert. Wir kommen auf weitere Themen zu sprechen. Und dann wird uns alles zu viel, und wir wissen gar nicht mehr, worum genau es bei dem Konflikt ging.

Eine zentrale Frage bei vielen Konflikten ist, welches der vielen Themen das eigentliche Problem ist. Das könnte der Grund sein, warum wir vom Konflikt als einem »Schlamassel« oder »einer Dose voller Würmer« sprechen, aus der ständig neue und schleimige Wesen herauskriechen. Viele Menschen reagieren auf einen Konflikt mit dem Rat: »Lass einfach den Deckel auf der Dose. Geh dem Schlamassel aus dem Weg.«

Veränderung 3: Sprachveränderungen

Eine dritte Dynamik lässt sich bei der Sprache erkennen. Sie verändert sich, wenn der Konflikt eskaliert. Die andere Person wird für uns zur Bedrohung, und wir fangen an, Schuld auf »dich« zu projizieren. Achten Sie darauf, wie die Anklagen und das Fingerdeuten gegen das »Du« zunehmen, wenn der Zorn der Beteiligten wächst und sie tiefer in den Konflikt einsteigen. »Du bist so nervig.« »Du machst mich so wütend.«

Wenn ein Konflikt eskaliert, neigen wir nicht nur dazu, Schuld zu projizieren, sondern auch, eine verallgemeinernde Sprache zu gebrauchen. Wir reden in ungenaueren Begriffen über das Problem und die Menschen. Wir schaffen Klischees, indem wir von »ihnen« sprechen. Wir fassen Menschen zu einer Einheit zusammen und beschreiben sie mit breiten, allgemeinen Strichen. Zum Beispiel: »Nun, du weißt ja, so sind diese Charismatiker.«

Durch Klischees und Verallgemeinerungen fällt es leicht, der anderen Seite gegenüber eine defensive Haltung beizubehalten. Wenn der Konflikt eskaliert und wir uns in Verallgemeinerungen flüchten, begreift die Gegenpartei immer weniger, was eigentlich los ist, und weiß nicht, wie sie reagieren soll. Gleichzeitig fühlen wir uns zunehmend bedroht und in die Defensive gedrängt.

Veränderung 4: Wir umgeben uns zunehmend mit gleichgesinnten Menschen

Eine vierte wichtige Veränderung setzt ein, wenn wir mit gleichgesinnten Personen über unsere Probleme und Konflikte sprechen. Das finden wir in allen Gruppen und Gesellschaften, allerdings zeigt es sich in unterschiedlichen Erscheinungsformen. Anstatt direkt mit der Person zu sprechen, mit der wir das Problem haben, reden wir mit anderen über sie.

Im gemeindlichen Umfeld fügt sich diese Dynamik in mehrere unserer unausgesprochenen Gebote ein. Wenn die Spannungen eskalieren, neigen wir dazu, uns der Diskussion kontroverser Themen zu entziehen und denen, die nicht mit uns übereinstimmen, aus dem Weg zu gehen. Wir suchen die Gesellschaft von Freunden, die uns zustimmen. In der Öffentlichkeit geben wir uns freundlich, aber hinter dem Rücken reden wir schlecht über die Gegenpartei, weil wir nicht die Fähigkeit oder die Bereitschaft besitzen, unsere Differenzen direkt anzusprechen. Mit anderen Worten: Wir flüchten uns in Verleumdung (Römer 1,30; 2. Korinther 12,20).

Veränderung 5: Der Fokus verschiebt sich von dem ursprünglichen Problem auf aktuelle Ereignisse

Eine fünfte Dimension verändert unsere Reaktion. Wir reagieren auf die Situation nach dem letzten »Ding«, das »die andere Seite« sich geleistet hat. Wir konzentrieren uns auf ihre letzten Aktionen. Der Konflikt entfernt sich von den ursprünglichen und eigentlichen Problemen. Das setzt einen Kreislauf von Aktion und Reaktion in Gang, der fast wie von selbst funktioniert.

Eine Begleiterscheinung kann sein, dass wir die Ziele verändern, auch wenn wir nur selten konkret über unsere Ziele sprechen. Im schlimmsten Fall bewegen sich Menschen von dem Gefühl einer persönlichen Feindschaft auf direktere Formen von Feindseligkeit hin. In diesen Fällen können dies sogar Formen von offener Gewalt sein. In anderen Fällen kann sich die Feindseligkeit indirekt äußern, ähnlich einer psychologischen Kriegführung.

Unser anfängliches Ziel war es, die vorhandenen Probleme und einander zu verstehen. Unser neues Ziel ist es, als Sieger aus dem Konflikt hervorzugehen, Rache zu üben und dem anderen zu schaden. Alle Beteiligten erleben ein tiefes und sehr reales

Gefühl der Bedrohung, das Unsicherheit und Zweifel in Bezug auf die eigene Person nach sich zieht.

Veränderung 6: Der Mittelweg ist nicht mehr erkennbar

Und schließlich kann der Konflikt die soziale Organisation einer Gruppe verändern. Der Prozess des »Weggehens« ist nicht mehr nur die Sache eines Einzelnen. Häufig teilt sich die ursprüngliche Gruppe in zwei gegnerische Lager. Der Druck, sich auf die eine oder andere Seite zu stellen, steigt: »Du bist entweder für uns oder gegen uns.« Fronten bauen sich auf, während sich eindeutige Gruppen herauskristallisieren. Es gibt beinahe keinen Mittelweg mehr.

Einige, die in einer frühen Phase noch als Extremisten galten, steigen zu Anführern auf. Das Kommunikationsmuster ändert sich. Wenn der Konflikt seinen Höhepunkt erreicht, neigen wir dazu, nur noch mit denen zu reden, die mit uns übereinstimmen. Wir haben wenig Kontakt zu gegensätzlichen Sichtweisen. Folglich ist jede Gruppe zunehmend abhängig von indirekter Information über das, was andere denken. Präzise Kommunikation wird seltener.

c. Feststellungen

Anhand des Stoffes, der in diesem Buch behandelt wird, lassen sich eine Reihe von wichtigen Feststellungen zum Thema Konflikte und dem angemessenen Umgang damit treffen. Es folgt eine kurze Liste von Feststellungen; einige beschreiben die Situation, andere geben eher Richtlinien.

1. Konflikte sind Teil der Gemeinde

Das vielleicht Erstaunlichste an den vier Schritten, die Jesus in Matthäus 18 aufzeigt, ist nicht das, was er sagt, sondern das, was er voraussetzt und nicht sagt. Jesus geht davon aus, dass es im Leben der Gemeinde, wie in jeder Beziehung, zu Uneinigkeit und Konflikten zwischen Einzelpersonen und Gruppen kommt.

Jesus gibt uns eine klare Anleitung, wie wir vorgehen sollen, wenn das geschieht. Auf diese Weise werden in Matthäus 18 die Schöpfungsversprechen aus Genesis bestätigt. Jesus folgt einer bereits vorgezeichneten Linie. Für ihn gehört der Konflikt ganz natürlich zu den menschlichen Beziehungen und dem Leben in der Gemeinde dazu.

2. Auf Konflikte zugehen

Den vier Schritten, die wir in Matthäus 18 finden, liegt Jesu Einladung zugrunde, auf den Ursprung unserer Angst und den Konflikt selbst zuzugehen. In Gemeindekreisen gibt es die Tendenz, einen Konflikt als unschön, als »unchristlich« anzusehen. Irgendwie lebt in uns das Bild, dass die Gemeinde ein Ort ist, an dem es nur Heilige gibt, oder zumindest nur nette Menschen, bei denen solche unschönen Dinge nicht vorkommen.

Wir arrangieren uns oft mit einem oberflächlichen Verständnis voneinander und beschäftigen uns kaum in positiver Weise mit unserer Unterschiedlichkeit. Wir fangen an zu glauben, dass in einer Gemeinde zu sein gleichzeitig bedeutet, stets einer Meinung zu sein, aber das stimmt natürlich nicht. Im Gegenteil.

Wie die Familie sollte die Gemeinde ein Ort sein, wo alle Mitglieder Vielfalt schätzen, Uneinigkeit zulassen und Beziehungen zwischen Menschen, die nicht einer Meinung sind, als möglich ansehen. Die Gemeinde ist der Ort der Versöhnung, wo Konflikte als notwendig verstanden werden, um zu lernen und zu wachsen. Das kann nur geschehen, wenn wir ein Verständnis und eine Sichtweise übernehmen, die auf Konflikte zugeht und sich nicht davon entfernt.

3. Auf den anderen zugehen

Jesus fordert uns auf, zu prüfen, wie wir die Person betrachten, mit der wir einen Konflikt und tief empfundene Differenzen erleben. Den vier Schritten liegt durchweg die Aufforderung an uns zugrunde, auf den anderen zuzugehen und nicht von ihm weg. Wir müssen praktische Fähigkeiten für die Konfrontation üben. Wir müssen auch eine geistliche Übung entwickeln, durch die wir interaktives Engagement mit anderen und mit Gott suchen.

4. Die Gemeinde ist ein Forum für den Ausdruck und den Umgang mit Konflikten

In seinen Lehren gibt uns Jesus allgemeine Richtlinien. Die Gemeinde, wie sie hier beschrieben wird, ist nicht einfach ein Gesangsverein mit harmonischen Stimmen. Sie ist ein Ort, an dem wir miteinander umgehen, Differenzen formulieren und Probleme und Angelegenheiten theologischer oder beziehungsmäßiger Art aufarbeiten. Die Gemeinde ist ein Forum für den Ausdruck und den Umgang mit Konflikten. Voraussetzung dafür ist, dass wir den Konflikt als gesunden Teil unseres Lebens betrachten und die Fertigkeiten entwickeln, ihn zu einer konstruktiven Erfahrung zu machen.

5. Das Ziel von Versöhnung ist, die Beziehung zu heilen

Die Aufarbeitung eines Konflikts hat zum Ziel, zusammenzubringen, was durch frühere Handlungen, Verhaltensweisen und Reaktionen auseinandergerissen wurde. Das erste Ziel ist Versöhnung, begriffen als Beziehung und Wiederherstellung, die Heilung des persönlichen und sozialen Gefüges. Bei diesem Prozess ist es unmöglich, die persönliche von der sozialen Heilung zu trennen.

Dies sind die gleichen Schritte wie bei einer Reise. Es beginnt mit einer persönlichen Reise ins Innere, mit dem Ziel, den Ursprung des Schmerzes zu identifizieren und zu begreifen. Der Prozess führt uns zu dem Ursprung unserer Angst und dem Schmerz, der in der Beziehung aufsprudelt. Aus dieser Reise entsteht das Bekenntnis zur Beziehung und gegenseitigen Abhängigkeit. Versöhnung kann nur erfasst werden im Zusammenhang mit Beziehung, nicht durch vage, zwiespältige und rein mentale Prozesse. Wiederherstellung wird nicht verstanden als Zurückgehen zu dem, was war, sondern vielmehr als das Bild von Heilung, der Herstellung des Gleichgewichts, und soll zum Vorschein bringen, was sein sollte. Sie gibt Raum für Wachstum, das auf Wahrheit und Verantwortlichkeit basiert. So verstanden ist Versöhnung sowohl ein Prozess als auch ein Ergebnis.

6. Gott ist da

In Matthäus 18,20 sagt Jesus: »Denn wo zwei oder drei versammelt sind in meinem Namen, da bin ich mitten unter ihnen.« Wenn wir anerkennen, dass es in Matthäus 18 um Konflikte und das Hinarbeiten auf Versöhnung geht, ergibt dieser Vers einen ganz anderen Sinn. »Zwei oder drei« bezieht sich nicht auf die kleine Zahl der versammelten Anbetenden, sondern auf die, die zusammenkommen, um Heilung, Erneuerung und Versöhnung zu suchen. Vers 20 ist ein Versprechen: Wo du den Auftrag der Versöhnung ernst nimmst, bin ich bei dir.

Globale Konflikte

a. Erste Schritte

Jer Swigart und Jon Huckins

Durch unsere Arbeit mit dem *The Global Immersion Project* haben wir viel Zeit unter Israelis und Palästinensern verbracht und uns bemüht, Versöhnung zu kultivieren. Wie so oft, wenn wir in der Hoffnung, die nötige Veränderung herbeiführen zu können, auf ein Volk oder eine Gemeinschaft zugehen, sind wir diejenigen, die durch unsere Freunde und Kollegen im Mittleren Osten Veränderung erlebt haben. Hinter unendlich vielen der unbewussten Klischees und Vorurteile, die wir in unserem Leben übernommen hatten, begannen wir den Reichtum der Freundschaft und Gemeinschaft unter Menschen zu erleben, die wir früher nur durch Hörensagen »kannten«.

Als Westler, die Jesus nachfolgen, brauchen wir einen Rahmen, um globale Konflikte konstruktiv zu verstehen und anzugehen. Geografische Distanz entbindet uns nicht vom Mitgefühl für die Menschen, die leiden. Mögen wir diesen Prozess des mitfühlenden Engagements und Verständnisses beginnen, wie Christus es uns vorgelebt hat. Hier schlagen wir einige Ausgangspunkte vor.

1. Den Verlust des Lebens betrauern

Wir stehen in der Gefahr, die nach oben schnellende Rate an Todesopfern nüchtern als Folge des Krieges zu sehen, anstatt darin den tragischen Verlust von kostbarem Leben zu betrauern. Ob nun Israeli, Palästinenser, Syrer oder Ukrainer, jeder Einzelne gehört zur Familie der Menschen und ist im Bild

Gottes geschaffen. Wir dürfen nicht gefühllos werden den Dingen gegenüber, die uns eigentlich ins Gebet führen sollten. Gestatten Sie sich, den Schmerz der Mütter zu empfinden, die ihre Kinder verloren haben, und der Kinder, die ihre Eltern verloren haben.

2. Zuhören, lernen und still sein

Wir täten gut daran, herunterzuschalten und uns die Geschichten anderer anzuhören, bevor wir ihre Geschichte an ihrer Stelle erzählen. Diejenigen, die den Schritt in andere Kulturen gewagt haben – ob nun inländisch oder international –, wissen, wie viel wir zu lernen haben, denn wir sind geprägt durch unsere Erziehung und Weltsicht. Nehmen Sie einmal das Tempo heraus, hören Sie zu, lernen Sie und seien Sie still, bevor Sie große Reden schwingen oder in einen Aktionismus verfallen, der vielleicht mehr Schaden anrichtet als Gutes bewirkt.

3. Sehen Sie die Menschheit als Ganzes und nicht nur die politischen und religiösen Differenzen

Tief in unserem Innern wissen wir alle, dass es unmöglich ist, dass alle bei politischen und religiösen Themen genau einer Meinung sind. Dazu sind wir Menschen zu verschieden. Fangen wir doch an, den anderen nicht unter politischen oder religiösen Aspekten zu sehen, sondern als einen Menschen, wie wir es sind. Alle Menschen wurden im Bild Gottes geschaffen. Wenn wir in den Augen des anderen Jesus sehen, fällt es uns schwerer zu hassen, zu verletzen und klein zu machen.

4. Beten

Beten Sie für die Heilung anderer Menschen, aus allen Völkern und Religionen. Beten Sie für Frieden an den Orten, wo Konflikte vorherrschen. Suchen Sie Vergebung für unsere blinden Vorurteile. Bitten Sie um Mut für diejenigen, die sich für die

Werte Gottes einsetzen. Beten Sie, dass unter früheren Feinden neue Freundschaften gefördert werden. Beten Sie für Ihre Feinde.

5. Stellen Sie schwierige Fragen

Kann es sein, dass mein politisches oder soziales Engagement schädliche Folgen hat – in Gedanken oder im Handeln? Bin ich ein objektiver Beobachter oder vielleicht irgendwie Teil des Problems oder Teil der Erneuerung? Ist der christliche, muslimische oder jüdische Glaube in den Medien korrekt dargestellt oder ideologisch gefärbt?

6. Erweitern Sie Ihre Informationsquellen

Es ist nicht die Entfernung, die eine objektive Berichterstattung in den westlichen Medien verhindert, es sind die vorherrschenden polarisierenden politischen, sozialen und finanziellen Realitäten. Wir müssen das, was wir in den Medien hören, kritisch hinterfragen. Informieren Sie sich nicht nur über eine Quelle, sondern ziehen Sie mehrere Quellen hinzu, um sich mit unterschiedlichen Sichtweisen auseinanderzusetzen. Besser noch, lassen Sie sich aus erster Hand von Freunden oder vertrauenswürdigen Quellen berichten, die an dem Ort des Konflikts leben. Es sind komplexe Themen, die es nötig machen, sich nicht nur einseitig zu informieren.

7. Suchen Sie nach Geschichten der Hoffnung und Versöhnung inmitten des Konflikts

Es gibt keine besseren Lehrmeister für die harte Arbeit des Friedenstiftens als die Menschen, die Tag für Tag inmitten des Konflikts leben und tätig sind. Wenn wir unseren Blick von den Schlagzeilen, die von Gewalt und Krieg sprechen, auf die Geschichten der Hoffnung und Versöhnung weglenken, werden wir nicht nur Inspiration erleben; wir finden ganz praktische Anleitung, wie wir leben, lieben und als Botschafter des Friedens inmitten der Konflikte in unseren Häusern, Gemeinschaften und Städten arbeiten sollen.

8. Zeigen Sie gelebtes Mitgefühl

Wir, die wir das reale Leben mit Menschen, die heute als »Terroristen« gelten, geteilt haben, müssen aufmerksam machen auf die Abkoppelung von Wahrnehmung und Realität. Wir müssen uns Hilfsmittel suchen, die uns helfen, besseren Einblick in die Situation zu bekommen im Blick auf die Menschen, auf Gerechtigkeit und das Herz Gottes. Wir müssen so leben, wie Gott es sich für die Menschen wünscht, was unausweichlich dazu führt, dass wir uns um die kümmern, die leiden – um trauernde Familien, die geliebte Menschen verloren haben, oder um Einzelpersonen, die Zielscheiben von Hass und klischeehaften Vorurteilen sind, und das wegen Geschehnissen auf der anderen Seite der Erde.

Jon Huckins und Jer Swigart sind Mitdirektoren von The Global Immersion Project *(www.globalimmerse.org), das Alltags-Friedenstifter fördert, wobei sie tief in weltweite Konflikte eintauchen.*

Diese beiden Autoren haben auch die Impulse zur Vertiefung und Reflexion am Ende der jeweiligen Kapitel dieses Buches erarbeitet.

b. Terror verstehen

John Paul Lederach

Als unsere Welt am 11. September 2001 verändert wurde, hatte ich Kolumbien und Guatemala bereist und wollte in die Vereinigen Staaten zurückkehren, doch ich hing auf dem Flughafen fest und kam nicht mehr weiter. Nachdem ich endlich eine Woche später als geplant zu Hause ankam, erlebte ich mit, wie das Herz Amerikas auseinandergerissen wurde, und die Bilder ließen mir selbst im Schlaf keine Ruhe. Die nachfolgenden Gedanken schrieb ich nieder, während ich auf verschiedenen Flughäfen darauf wartete, nach Hause reisen zu können. Diese Gedanken gab ich bei verschiedenen Zusammenkünften in den Wochen und Monaten nach dem 11. September weiter.

Obwohl durchaus verständlich, schien mir der Schrei nach Rache für den 11. September [etc ...] in Verbindung zu stehen mit der Suche nach einem Weg, den tiefen emotionalen Schmerz, das Gefühl der Machtlosigkeit und unseren kollektiven Verlust zu verarbeiten. Er schien eher in diesen sozialen und psychologischen Prozessen verwurzelt zu sein und kein Weg, das Unrecht wiedergutzumachen und zu verhindern, dass es je wieder geschieht.

Natürlich ist es leicht, unsere Regierungsführer zu kritisieren und stets zu wissen, was das Beste in der Situation ist, wenn wir selbst nicht die schwierigen Entscheidungen treffen müssen. Auf der anderen Seite habe ich fast 20 Jahre lang als Mediator und Verfechter von gewaltlosen Veränderungen Situationen erlebt, wo der Kreislauf der Gewalt nicht durchbrochen werden konnte, und hatte mit Menschen und Bewegungen zu tun, die im Kern ihrer Identität Wege suchen, ihre Rolle in diesem Kreislauf zu rechtfertigen. Darum fühlte ich mich verantwortlich, den Versuch zu wagen, Ideen für die Suche nach Lösungen einzubringen.

Ich begann, indem ich einige Herausforderungen von entscheidender Bedeutung, festhielt und fragte, wie eine kreative Reak-

tion aussehen könnte, die den Wunsch nach einer aufrichtigen, dauerhaften und friedlichen Veränderung ernst nimmt. Obwohl sich die Welt verändert hat, seit ich diese Gedanken 2001 aufschrieb, glaube ich, dass die nachfolgend aufgeführten Schritte nach wie vor das Gerüst bieten für eine kreative Reaktion auf die weltweiten Konflikte.

1. Versuchen Sie, die Ursache des Zorns zu begreifen

Die erste und wichtigste Frage, die wir uns stellen sollten, ist ziemlich einfach, wenn auch nicht leicht zu beantworten. Wie kommt es, dass Menschen ein solches Ausmaß von Zorn, Hass und Frustration erreichen? Meiner Erfahrung nach ist die Erklärung, sie seien von einem perversen Führer einer Gehirnwäsche unterzogen worden, der eine Art von Zaubermacht über sie ausübt, eine realitätsferne Vereinfachung und wird uns unausweichlich zu sehr starrsinnigen Reaktionen verleiten.

Ein solcher Zorn, der Generationen umfasst und eng mit der Identität zusammenhängt, baut sich über Jahre hinweg durch eine Verbindung aus historischen Ereignissen, einem tiefen Gefühl der Bedrohung für die eigene Identität und direkten Erfahrungen anhaltender Ausgrenzung auf. Dies zu verstehen ist sehr wichtig, denn – wie ich noch öfter betonen werde – unsere Reaktion auf unmittelbare Ereignisse hat sehr, sehr viel damit zu tun, ob wir den Boden, den Samen und die Nährstoffe für zukünftige Kreisläufe der Rache und Gewalt bereiten. Oder ob wir dazu beitragen, Veränderung zu bewirken.

Wir sollten vor allem eins und nur eins als strategischen Wegweiser unserer Reaktion beachten: Nicht das tun, was die Gegenpartei von uns erwartet. Sie erwartet von uns, dass wir zum Angriff übergehen, der Riese gegen den Schwachen, die Vielen gegen die Wenigen. Das hilft ihnen, den Mythos zu festigen, den sie unter allen Umständen aufrecht erhalten wollen: Dass sie bedroht werden, ein irrationales und wahnsinniges

System bekämpfen, von dem sie nie ernst genommen werden und dessen Bestreben es ist, sie und ihr Volk zu vernichten. Wir müssen diesen Mythos zerstören, nicht das Volk.

2. Versuchen Sie, das Wesen der Organisation zu verstehen

Bei meiner Arbeit, mich in Situationen von massiver, andauernder Gewalt für den Frieden einzusetzen, habe ich im Laufe der Jahre festgestellt, dass die Bewegungen und Organisationen, die sich für Gewalt entscheiden, übereinstimmend ein Ziel verfolgen: *Selbsterhaltung*. Dies geschieht auf unterschiedliche Weise, aber in der Regel durch eine Dezentralisierung von Macht und Strukturen, Geheimhaltung, Selbstständigkeit von kleineren Einheiten und die Weigerung, den Konflikt zu den Bedingungen der Stärke und Möglichkeiten des Feindes auszutragen.

Eine der interessantesten Metaphern, die ich in den vergangenen Jahren gehört habe, lautet: »Dieser oder jener Feind der Vereinigten Staaten soll in seinen Löchern aufgestöbert und ausgeräuchert werden, und wenn er davonläuft und man ihn sieht, vernichtet werden.« Ein solches Vorgehen mag bei Murmeltieren funktionieren, in Schützengräben und vielleicht sogar noch im Guerillakrieg, aber es ist keine nützliche Beschreibung dieser Situation. Auch die Formulierung, dass wir »das Dorf zerstören müssen, um es zu retten«, ist unpassend. Dadurch wird der Bevölkerung, die unseren Feinden Zuflucht gewährt, eine Kollektivschuld zugewiesen, und sie wird zur rechtmäßigen Zielscheibe. In beiden Fällen führt uns das Bild, das unser Handeln bestimmt, in die Irre, weil es nicht mit der Realität in Verbindung steht. Deutlicher ausgedrückt: Dies ist kein Kampf, der mit geografischen Begriffen erfasst werden kann und sich auf bestimmte Orte und Gebiete konzentriert, die, wenn sie lokalisiert werden, auch zerstört werden können, so dass wir das Problem los sind. Ganz offen: Unsere größten und sichtbarsten Waffensysteme sind in den meisten Fällen nutzlos.

Wir brauchen ein neues Bild, und auch wenn ich medizinische Begriffe für die Beschreibung eines Konflikts eigentlich nicht mag, muss ich an einen Virus denken, weil er in der Lage ist, sich unbemerkt ins System einzuschleichen und es von innen zu schädigen. Der Feind hat sich nicht in einem bestimmten Gebiet niedergelassen. Er ist in unser System eingedrungen. Diese Art von Feind lässt sich nicht bekämpfen, indem man auf ihn schießt. Wir müssen die Abwehrkräfte des Systems stärken, damit der Virus erst gar keinen Zugang bekommt. Wir müssen die Bilder ändern und uns von der Vorstellung verabschieden, wir könnten mit dem Schurken kurzen Prozess machen. Sonst laufen wir Gefahr, genau die Umgebung zu schaffen, die dem Virus, den wir abwehren wollen, die Bedingungen bietet, unter denen es gedeihen und sich vermehren kann.

3. Vergessen Sie nicht, dass die Realitäten konstruiert sind

Ein Konflikt ist unter anderem der Prozess des Entwickelns und Erhaltens sehr unterschiedlicher Wahrnehmungen und Interpretationen der Realität. Das bedeutet, dass es in einem Konflikt gleichzeitig mehrere Realitäten gibt, die von den Beteiligten als solche definiert werden. In den Nachwirkungen einer so entsetzlichen und unverdienten Gewalt, wie wir sie gerade erlebt haben, mag dies esoterisch klingen. Aber wir dürfen nicht vergessen, dass dieser einfache Prozess am Ende dazu führt, dass wir Menschen Fanatiker, Verrückte und Irrationale nennen. Wenn wir mit Schimpfwörtern um uns werfen, verlieren wir die Fähigkeit zu begreifen, dass das, was sie zu ihrer Weltsicht führt, nicht Irrsinn oder Fanatismus ist. Alle Dinge passen zusammen und ergeben einen Sinn. Wenn dazu noch eine lange Reihe tatsächlicher Erfahrungen kommt, die diese Sichtweise bestätigen (zum Beispiel die vielen Jahre, in denen sie im Kampf der

Supermächte benutzt oder ausgegrenzt wurden, sich ausbreitende Wertvorstellungen des Westens von dem, was in ihrem religiösen Verständnis als unmoralisch angesehen wird, oder das Konstruieren eines Feindbildes – eines Feindes, der übermächtig ist und seine Macht zu Bombardierungen nutzt und immer zu gewinnen scheint), dann ist es nicht schwer, eine rationale Weltsicht von einem heroischen Kampf gegen das Böse zu konstruieren. In der Hinsicht agieren sie genau wie wir.

Hören wir doch hin, mit welchen Worten wir unser Handeln und unsere Reaktionen rechtfertigen. Und dann darauf, welche Worte die anderen gebrauchen. Einen solchen Prozess können wir nicht durchbrechen, wenn wir darüber spekulieren, wer gewinnen wird oder wer stärker ist. Ganz im Gegenteil. Der Verlierer, ob nun in taktischen Schlachten oder dem »Krieg« an sich, findet in der Niederlage den Samen für die Rechtfertigung neuer Kämpfe. Einen solchen Kreislauf gerechtfertigter Gewalt zu durchbrechen ist nur möglich, wenn man aus diesem Kreislauf ausbricht. Dies beginnt, wenn wir begreifen, dass markige Sprüche im Fernsehen über Wahnsinnige und Ausgeburten des Bösen kein guter Ausgangspunkt für Politik sind. Wenn wir uns dafür entscheiden, auf ganz unerwartete Weise zu reagieren, haben wir noch am ehesten die Chance, ihre Wahrnehmung von uns als den Bösen zu verändern. Dies erfordert enormen Mut und eine mutige Regierung, die in der Lage ist, sich eine Veränderung vorzustellen.

4. Durchschauen Sie die Fähigkeit, immer wieder neue Leute anzuwerben

Die größte Macht des Terrors ist seine Fähigkeit, sich selbst zu regenerieren. In diesem Konflikt und in Bezug auf den Veränderungsprozess auf eine friedlichere Welt hin müssen wir begreifen, wie die Rekrutierung für diese Aktivitäten geschieht. Bei meiner Arbeit mit tief verwurzelten Konflikten fällt besonders auf, dass politische Führer, die der Gewalt ein Ende setzen wollten, glaubten, sie könnten dies erreichen, indem sie die Verursacher von Gewalt überwältigen und sich ihrer entledigen. Dies mag die gängige Ansicht in den letzten Jahrhunderten gewesen sein. Aber das ist nicht die Lektion, die wir aus den vergangenen 30 Jahren gelernt haben. Es ist eine einfache Lektion. Wenn Menschen sich bedroht und ausgegrenzt fühlen und über Generationen hinweg direkte Gewalt erlebt haben, ist ihr wichtigstes Ziel das Überleben. Immer wieder war in diesen Bewegungen eine außerordentliche Fähigkeit zur Wiederbelebung gewählter Mythen und erneuter Kämpfe zu beobachten.

In einem Punkt hat die gegenwärtige US-Regierung Recht: Es wird eine lange Auseinandersetzung werden, und das haben wir in den vergangenen 30 Jahren erlebt. Allerdings hat die Regierung es versäumt zu betonen, dass die Anwerbung zu solchen Aktivitäten verstärkt unterbunden werden sollte. Bei dem, was am 11. September geschah, fällt mir auf, dass keiner der Täter viel älter als 40 war und viele nur halb so alt waren.

Dies ist die Realität, mit der wir uns konfrontiert sehen: Die Anwerbung geht kontinuierlich weiter. Das wird auch der Einsatz von Militärkräften nicht eindämmen können. Offene Kriegführung wird den Boden bereiten, in dem sie wächst und gedeiht. Militäraktionen, die zum Ziel haben, den Terror zu vernichten, vor allem, wenn sie sich gegen eine bereits geschwächte Zivilbevölkerung richten, sind kontraproduktiv. Das ist, als wollte man einer voll entwickelten Pusteblume mit einem Golfschläger zu Leibe rücken. Damit bestätigen wir den Mythos, dass wir die Bösen sind. Auf diese Weise sorgen wir dafür, dass es eine nächste Generation von Rekruten geben wird.

5. Begreifen Sie die Komplexität und die Macht der Einfachheit

Und der letzte Punkt: Wir sollten das Prinzip der Einfachheit begreifen. Ich habe oft mit meinen Studierenden darüber geredet, dass es unerlässlich ist, sich sehr sorgfältig mit der Komplexität anderer Wahrheiten zu beschäftigen. Wichtig in unserer gegenwärtigen Situation ist jedoch, dass wir es versäumt haben, das Prinzip der Einfachheit umfassend zu begreifen. Vom Standpunkt der Täter aus lag die Effektivität ihrer Aktionen darin, einfache Wege zu finden, um das System auszuschalten. Ich glaube, unsere wichtigste Aufgabe ist es, genauso kreative und einfache Hilfsmittel auf unserer Seite zu finden.

II. Materialien für Gottesdienste

Gebete

Heiliger, Schöpfer des Lebens:

Dein ist der Friede, der alles Verständnis übersteigt.

Ob der Krieg zwischen Ländern, Glaubenssystemen, unterschiedlichen Erziehungsvorstellungen, Familienmitgliedern oder Gemeinden wütet,

einen gemeinsamen Grund zu finden, ist ein möglicher Ausgangspunkt.

Bei allen, die suchen, möge dein Friede Hoffnung wecken.

Allen, die leiden, möge dein Friede Erleichterung bringen.

Allen, die hassen, möge dein Friede alle Angst austreiben.

Möge deine Liebe alle, die mit Krieg leben, umgeben und einhüllen,

alle, die unter den Folgen von Krieg leiden, und alle, die den Krieg weiter fortsetzen.

Möge deine verändernde Liebe die Dunkelheit durchdringen.

Amen.

Wilma Harder

Gott der Liebe und des Erbarmens,

Unsere Welt und unser Werk sind dein.

Wir sind dein.

Ohne dich können wir nichts tun.

Gott, wir danken dir und preisen dich für deinen Sohn Jesus Christus, den du in die Welt gegeben hast, damit alle dich besser kennen lernen;

Diesen Jesus, der sich selbst in deinem Dienst demütigte, um uns zu zeigen, wie wir als deine Diener leben und lieben sollen;

Diesen Jesus, der litt und durch die Hände der Mächtigen und der Menschen starb, die bereit waren, die große Sünde der Gewalt zu begehen

Und dem, was in deinem Bild geschaffen ist, Gewalt anzutun.

Wir danken dir und preisen dich für das Geschenk des Lebens und der Liebe.

Wir danken dir und preisen dich für alle, die den Frieden höher achten als den Krieg.

Mach uns zu deinem Volk des Friedens in allem, was wir sind und tun.

Und nun möge Gott euch segnen und euch helfen, in tiefstem Glauben zu leben und zu hören;

Möge Gottes Angesicht über euch leuchten und euch große Freude bringen;

Und möge Gott euch freundlich ansehen

Und in euch den tiefen Frieden des lebendigen Christus erhalten.

Amen.

Geht in Frieden, um Gott zu lieben und ihm zu dienen.

Weldon Nisly

Lieber Gott,
Du bist das Wort, das die Welt ins Leben rief.
Sei der Herr unserer Worte auf Erden wie im Himmel.
Schenke uns große Worte und kleine Worte,
Weit reichende, weite Worte
Fokussierte Worte,
Wahrhaftige Worte, die deinen Frieden verkündigen
Unseren Nachbarn und Nationen.

Lieber Gott,
Du bist der Weg, die Wahrheit und das Leben durch Jesus.
Führe die, die heute im Weg stehen.
Sei bei den
Witwen und Waisen,
Immigranten und Flüchtlingen,
Müden und Einsamen,
Vergessenen und Sterbenden in der ganzen Welt.

Lieber Gott,
Du bist unser tägliches Brot und lebensspendendes Wasser.
Danke, dass du uns jeden Tag ernährst und erfrischst.
Du stärkst unseren Willen und machst unsere Herzen weich,
Damit wir recht handeln,
Liebe üben
Und demütig mit dir gehen, Gott.
Dir sei die Herrlichkeit für immer,
Amen.

Cindy Snider

O Gott,
viel zu lange hat die Welt
uns zum Krieg gerufen,
und unsere Toten liegen ausgestreckt
auf den blutgetränkten Äckern vieler Jahrhunderte.

Aber du
zerbrichst den Bogen und zerschmetterst den Speer,
rufst uns auf, den Samen des Friedens zu säen
in die Verzweiflung hinein.

In Sanftmut
mögen wir die winzigen Sprossen
nehmen und dorthin pflanzen,
wo sie in Sicherheit wachsen können
zu Blüten der Hoffnung.

Amen.

Linea Reimer Geiser

Theaterstück zu Psalm 85

John Paul Lederach

Vorbemerkung: Bei diesem Stück habe ich mich an Psalm 85 orientiert. In Kapitel 6 finden Sie ausführlichere Überlegungen zu diesem Text. Im Laufe der Jahre habe ich mit vielen verschiedenen Personen und in den unterschiedlichsten Zusammenhängen Versionen der folgenden Übung wiederholt. Sie verläuft jedes Mal anders. Einzigartige und erstaunlich verschiedenartige Erkenntnisse erwachsen aus den Erfahrungen und Sorgen der Menschen. Dies ist eine verdichtete Version der Übung, die ich in Kapitel 6 beschreibe. Sie kann als kurzes Theaterstück aufgeführt werden, insbesondere in Gruppen, die einen Konflikt erleben.

Darsteller

- Einberufer der Versammlung (Frau oder Mann)
- Wahrheit (Frau)
- Gnade (Mann)
- Gerechtigkeit (Mann)
- Friede (Frau)

[Einberufer betritt die Bühne, auf dem fünf leere Hocker oder Stühle stehen. Einberufer lässt sich auf einem davon nieder.]

Einberufer: Wir alle kennen Konflikte und haben erlebt, dass sich Menschen in Konfliktsituationen häufig auf Wahrheit, Gnade, Gerechtigkeit und Frieden berufen. In Psalm 85, Vers 10 lesen wir: »Gnade und Wahrheit sind einander begegnet,

Gerechtigkeit und Friede haben sich geküsst« (*Schlachter 2000*). Das hat mir zu denken gegeben, und ich fragte mich: Was wäre, wenn wir unsere vier Freunde – Wahrheit, Gnade, Gerechtigkeit und Friede – einmal zu uns einladen würden? Wie wäre es, wenn wir sie bitten würden, ihre Ansichten zum Thema Konflikte einmal darzulegen? *[Pause.]* In anderen Auseinandersetzungen habe ich sie kommen und gehen sehen. Darum habe ich sie hierher eingeladen. Sie sollen ein paar Dinge klären.

[Wahrheit, Gnade, Gerechtigkeit und Friede betreten die Bühne und nehmen auf den Stühlen Platz. Jeder hat ein Schild, auf dem steht, wer er ist.]

Einberufer: Willkommen *[begrüßt jeden mit Handschlag]*. Wir möchten wissen, welche Anliegen jeder von euch in einem Konflikt hat. Dürfen wir eure Ansichten hören? Wahrheit, fang du doch einmal an.

Wahrheit [erhebt sich]: Ich bin Wahrheit. Ich bin wie das Licht, das scheint, damit alle es sehen können. In einem Konflikt möchte ich zur Sprache bringen, was tatsächlich geschehen ist, es offen legen. Ich unterscheide mich von meinen drei Kollegen hier *[deutet auf Gnade, Gerechtigkeit und Friede]*, weil sie zuallererst mich brauchen. Wenn ich gefunden bin, kann ich Menschen frei machen.

Einberufer: Schwester Wahrheit, du weißt, ich habe schon viele Konflikte erlebt. Es gibt da etwas, das mich interessiert. Wenn ich mit einer Seite rede, zum Beispiel unseren Freunden hier, dann behaupten sie, du seist mit ihnen. Wenn ich mit den anderen rede, zum Beispiel unseren Freunden dort drüben, dann behaupten auch sie, du seist auf *ihrer* Seite. Gibt es nur eine Wahrheit?

Wahrheit: Es gibt nur eine Wahrheit, aber ich kann auf unterschiedliche Weise erfahren werden. Ich wohne in jedem Menschen, doch niemand besitzt mich.

Einberufer: Wenn es so wichtig ist, dich zu entdecken, warum ist es dann so schwierig, dich zu finden?

Wahrheit [nachdenklich]: Ich kann mich nur zeigen, wenn die Suche aufrichtig und authentisch ist. Ich trete nur vor, wenn jede Person den anderen mitteilt, was sie von mir weiß, und wenn jeder die Stimme der anderen respektiert.

Einberufer: Wen von diesen drei Freunden *[deutet auf Gnade, Gerechtigkeit und Friede]* fürchtest du am meisten?

Wahrheit [deutet auf Gnade]: Ihn. In seiner Hast zu heilen verdeckt er mein Licht und dämpft meine Klarheit. Er vergisst, dass Vergebung *unser* Kind ist, nicht allein seins *[nimmt Platz]*.

Einberufer [wendet sich an Gnade]: Ich bin sicher, du hast auch einiges zu sagen. Welches ist dein Anliegen?

Gnade [erhebt sich langsam]: Ich bin Gnade. Ich bin der Neuanfang. Mir liegen die Menschen und ihre Beziehungen am Herzen. Annahme, Mitgefühl und Unterstützung stehen an meiner Seite. Ich weiß um die Zerbrechlichkeit der Menschen. Wer unter ihnen ist schon vollkommen *[wendet sich an Wahrheit und spricht sie an]*? Sie weiß, dass ihr Licht Klarheit bringen kann, aber viel zu häufig blendet es und verbrennt. Was ist Freiheit ohne Leben und Beziehung? Vergebung ist in der Tat unser Kind, aber nicht, wenn Menschen wegen ihrer Unvollkommenheiten und Schwächen niedergeknüppelt werden. Unser Kind Vergebung kam zur Welt, um Heilung zu geben.

Einberufer: Aber, Bruder Gnade, treibst du das Kind Vergebung in deiner Ungeduld zu akzeptieren, zu unterstützen und weiterzugehen, nicht ab?

Gnade: Ich dämpfe nicht das Licht von Wahrheit. Das musst du verstehen. Ich bin Gnade. Mein Fundament ist beständige Liebe, die das Leben selbst trägt.

Einberufer: Und wen fürchtest du am meisten?

Gnade [wendet sich Gerechtigkeit zu und sagt mit lauter Stimme]: Mein Bruder Gerechtigkeit vergisst in seiner Hast zu verändern und alles in Ordnung zu bringen, dass seine Wurzeln in realen Menschen und Beziehungen liegen. *[Nimmt Platz.]*

Einberufer: Also, Bruder Gerechtigkeit, was hast du zu sagen?

Gerechtigkeit [erhebt sich lächelnd]: Ich bin Gerechtigkeit. Gnade hat Recht: Mir ist es ein Anliegen, Dinge in Ordnung zu bringen. Ich blicke unter die Oberfläche und hinter die Probleme, über die die Menschen sich zu streiten scheinen. Die Wurzeln der meisten Konflikte haben sich in Ungleichheit, Gier und Fehlverhalten verknäuelt. Ich stehe an der Seite von Wahrheit, die ihr Licht auf die Wege des Fehlverhaltens wirft. Meine Aufgabe ist es, sicher zu stellen, dass etwas unternommen wird, um den angerichteten Schaden wiedergutzumachen, in erster Linie an den Opfern und den Unterdrückten.

Einberufer: Aber, Bruder Gerechtigkeit, alle in diesem Raum haben das Gefühl, dass ihnen Unrecht getan wurde. Die meisten sind bereit, ihr Handeln zu rechtfertigen, sogar Gewalttaten. Stimmt das nicht?

Gerechtigkeit: Das stimmt. Die meisten begreifen es nicht. *[Hält inne und denkt kurz nach.]* Siehst du, Verantwortlichkeit ist mir wichtig. Wir denken oft, dass alles akzeptabel ist. In aufrichtigen und verbindlichen Beziehungen sind aufrichtige Verantwortlichkeit und beständige Liebe zu finden. Liebe ohne Verantwortlichkeit ist nichts anderes als schöne Worte; Liebe mit Verantwortlichkeit verändert Verhalten und Handeln. Mein Anliegen ist es, die Worte mit Taten und Verantwortlichkeit zu füllen.

Einberufer: Und vor wem hast du Angst?

Gerechtigkeit [lachend]: Vor meinen Kindern. Ich habe Angst, dass meine Kinder Gnade und Friede sich selbst als Eltern sehen. Doch eigentlich sind sie die Frucht meiner harten Arbeit.

Friede [tritt lächelnd vor]: Ich bin Friede, und ich stimme allen drei zu. Ich bin das Kind, das sie geboren haben, die Mutter, die in den Wehen liegt, um sie zur Welt zu bringen, und der Partner, der sie auf dem Weg begleitet. Ich halte die Gemeinschaft zusammen, mit Ermutigung von Sicherheit, Respekt und Wohlergehen.

Wahrheit [frustriert]: Das ist genau das Problem. Du hältst dich für größer und wichtiger als wir anderen.

Gerechtigkeit [meldet sich zu Wort, ebenfalls frustriert, und deutet mit dem Finger auf Friede]: Überheblichkeit! Du stellst dich nicht an den Platz, an den du gehörst. Du folgst uns nach. Du gehst uns nicht voraus.

Friede [nachgiebig]: Das stimmt, Bruder Gerechtigkeit und Schwester Wahrheit. Durch und nach euch beiden finde ich einen umfassenderen Ausdruck. Aber es stimmt auch, dass es ohne mich keinen Raum gibt, damit Wahrheit gehört werden kann. *[Wendet sich Gerechtigkeit zu.]* Und ohne mich ist es unmöglich, den Teufelskreis von Anklage, Bitterkeit und Blutvergießen zu durchbrechen. Selbst du, Gerechtigkeit, kannst ohne meine Anwesenheit nicht voll verwirklicht werden. Ich bin vorher und hinterher. Es gibt keinen anderen Weg, mich zu erreichen. Ich selbst bin der Weg.

Einberufer [nach einem Augenblick des Schweigens]: Und wen fürchtest du?

Friede: Nicht wen, sondern was. Ich fürchte Manipulation. Ich fürchte die Manipulation von Menschen, die Schwester Wahrheit für ihre eigenen Zwecken missbrauchen. Einige ignorieren sie, andere missbrauchen sie als Peitsche, einige behaupten, sie zu besitzen. Ich fürchte die Gelegenheiten, wo Bruder Gerechtigkeit um Bruder Gnade willen geopfert wird. Ich fürchte die blinde Manipulation, wenn einige das

Leben selbst opfern für den Versuch, das Ideal von Bruder Gerechtigkeit zu erreichen. Solche Betrügereien verletzen mich. Dann fühle ich mich leer.

Einberufer [deutet auf alle]: Wie könntet ihr vier euch treffen? Was brauchtet ihr voneinander?

[Wenn die vier Darsteller die folgenden Sätze sagen, bewegen sie sich langsam aufeinander zu und treffen sich in der Mitte der Bühne.]

Wahrheit [an Gnade gerichtet]: Du musst einen Gang herunterschalten, Bruder Gnade. Gib mir die Gelegenheit, mich zu zeigen. Unser Kind darf nicht geboren werden, ohne sich langsam im Leib der Mutter entwickelt zu haben.

Gnade [nickt]: Leuchte hell, Schwester Wahrheit. Aber bitte achte darauf, dass du nicht blendest und verbrennst. Denke daran, dass jeder Mensch ein Kind Gottes ist. Jeder ist schwach und braucht Hilfe zum Wachsen.

Gerechtigkeit: Die Worte von Schwester Friede haben mich nur zum Teil beruhigt. Ich brauche eine klare Aussage, dass sie Raum gibt für Verantwortlichkeit und Aktion. Erinnert euch, was Micha von uns gesagt hat: »Liebe üben und demütig sein.« Du, Schwester Friede, musst mir Raum geben, damit ich vortreten kann.

Friede: Bruder Gerechtigkeit, wir brauchen einander. Gleite nicht ab in Bitterkeit, die sinnlos wütet. Ich werde den Boden bereiten, damit du wirken und Frucht bringen kannst.

[Mittlerweile sind alle in der Mitte der Bühne angekommen und bilden einen kleinen Kreis. Sie sehen einander an mit einer gewissen Verblüffung, aber auch mit Zufriedenheit.]

Einberufer: Und wie nennt sich dieser Ort, an dem ihr zusammensteht?

Wahrheit, Gnade, Gerechtigkeit und Frieden [reichen sich die Hände und sagen alle zusammen]: Dieser Ort nennt sich *Versöhnung.*

III. Material zum Thema Konflikte und Versöhnung

Literatur

Augsburger, David: *Dissident Discipleship – A Spirituality of Self-Surrender, Love of God, and Love of Neighbor.* Brazos Press, Grand Rapids, MI, 2006.

Augsburger, Myron S.: *The Robe of God – Reconciliation, the Believers' Church Essential.* Herald Press, Scottdale, PA, 2000.

Dietrich, Walter/Mayordomo, Moisés (Hg.): *Gewalt und Gewaltüberwindung in der Bibel.* TVZ, Zürich 2005.

Enns, Fernando: *Friedenskirche in der Ökumene – Mennonitische Wurzeln einer Ethik der Gewaltfreiheit.* Vandenhoeck & Ruprecht, Göttingen 2003.

Hauerwas, Stanley: *Selig sind die Friedfertigen – Ein Entwurf christlicher Ethik.* Neukirchener, Neukirchen-Vluyn 1995.

Hauerwas, Stanley/Vanier, Jean: *Living Gently in a Violent World – The prophetic witness of weakness.* InterVarsity Press, Downers Grove, IL, 2008.

Hofheinz, Marco/Plasger, Georg (Hg.): *Ernstfall Frieden – Biblisch-theologische Perspektiven.* Foedus-Verlag, Wuppertal 2002.

Katongole, Emmanuel/Rice, Chris: *Reconciling All Things – A Christian Vision for Justice, Peace, and Healing.* InterVarsity Press, Downers Grove, IL, 2008.

Kraybill, Donald B./Nolt, Steven M./Weaver-Zercher, David L.: *Die Gnade der Amish – Wie Vergebung Tragödien überwindet.* Wiley-VCH, Weinheim 2009.

Kraybill, Donald B.: *The Upside-Down Kingdom.* Herald Press, Scottdale, PA, [5]2011.

Kreider, Alan/Kreider, Eleanor/Widjaja, Paulus: *Eine Kultur des Friedens – Gottes Vision für Gemeinde und Welt.* Neufeld, Schwarzenfeld 2005 (nur noch als E-Book erhältlich).

Larson, Jonathan B.: *Making Friends among the Taliban.* Herald Press, Harrisonburg, VA, 2012.

Lederach, John Paul: *Building Peace – Sustainable Reconciliation in Divided Societies.* United States Institute of Peace Press, Washington, DC, 1997.

Lederach, John Paul: *Preparing for Peace – Conflict Transformation Across Cultures.* Syracuse Univeristy Press, Syracuse, NY, 1995.

Lederach, John Paul: *The Little Book of Conflict Transformation.* Good Books, Intercourse, PA, 2003.

Lederach, John Paul: *The Moral Imagination – The Art and Soul of Building Peace.* Oxford University Press, New York 2005.

Lederach, John Paul: *The Poetic Unfolding oft he Human Spirit.* The Fetzer Institute, Kalamazoo, MI, 2011.

Lederach, John Paul/Jenner, Jan Moomaw (Ed.): *Into the Eye of the Storm – A Handbook of International Peacebuilding.* Jossey-Bass, San Francisco 2002.

Lederach, John Paul/Lederach, Angela Jill: *When Blood and Bones Cry Out – Journeys Through the Soundscape of Healing and Reconciliation.* Oxford University Press, New York 2011.

Lederach, John Paul/Sampson, Cynthia Sampson (Ed.): *From The Ground Up – Mennonite Contributions to International Peacebuilding.* Oxford University Press, Oxford 2000.

Mandela, Nelson: *Der lange Weg zur Freiheit.* S. Fischer, Frankfurt ^{5}1996.

Marshall, Christopher D.: *Beyond Retribution – A New Testament Vision for Justice, Crime, and Punishment.* Eerdmans, Grand Rapids, MI, 2001.

Myers, Ched/Enns, Elaine: *Diverse Christian Practices of Restorative Justice and Peacemaking.* Orbis, Maryknoll, NY, 2009.

Myers, Ched: *New Testament Reflection on Restorative Justice and Peacemaking.* Orbis, Maryknoll, NY, 2009.

Ott, Bernhard: *Schalom – das Projekt Gottes.* Agape, Weisenheim am Berg [2]2007.

Roth, John: *Entschieden dagegen – Ein christliches Plädoyer gegen Gewalt. Eine Liebe, die Ängste überwindet.* Bund Taufgesinnter Gemeinden, Detmold 2008.

Schott, Hanna: *Von Liebe und Widerstand – Magda & André Trocmé: Der Mut dieses Paares rettete Tausende.* Neufeld, Schwarzenfeld [3]2014.

Sommer, Tom (Hg.): *Das Buch vom Frieden.* SCM R. Brockhaus, Witten 2012.

Trocme, André: *Jesus and the Nonviolent Revolution.* Orbis, Maryknoll, NY, 2004.

Van Ness, Daniel/Strong, Karen Heetderks: *Restoring Justice: An Introduction to Restorative Justice.* Anderson Publishing, Cincinnati, OH, [5]2014.

Vanier, Jean: *Ich und Du: dem anderen als Mensch begegnen.* Neufeld, Schwarzenfeld 2013.

Volf, Miroslav: *Umsonst – Geben und Vergeben in einer gnadenlosen Kultur.* Brunnen, Gießen 2012.

Volf, Miroslav: *Von der Ausgrenzung zur Umarmung – Versöhnendes Handeln als Ausdruck christlicher Identität.* Verlag der Francke-Buchhandlung, Marburg 2012.

Wink, Walter: *Verwandlung der Mächte – Eine Theologie der Gewaltfreiheit.* Pustet, Regensburg 2014.

Yoder, John Howard. *Die Politik Jesu.* Neufeld, Schwarzenfeld 2012.

Zehr, Howard. *Fairsöhnt. Restaurative Gerechtigkeit – Wie Opfer und Täter heil werden können.* Neufeld, Schwarzenfeld 2010.

Christliche Organisationen und Gemeinschaften

Bruderhof-Gemeinschaft: *www.bruderhof.org*

Christian Peacemaker Teams: *www.cpt.org*

Christliche Dienste: *www.christlichedienste.de*

Church & Peace: *www.church-and-peace.org*

ComPax Institut für Konflikttransformation: *www.compax.org*

Deutsche Friedensgesellschaft: *www.dfg-vk.de*

Deutsches Mennonitisches Friedenskomitee: *www.dmfk.de*

Internationaler christlicher Friedensdienst: *www.eirene.org*

Internationale katholische Friedensbewegung: *www.paxchristi.de*

Internationaler Versöhnungsbund: *www.versoehnungsbund.de*

Mennonitisches Friedenszentrum Berlin: *www.menno-friedenszentrum.de*

Über den Autor

JOHN PAUL LEDERACH, JAHRGANG 1955, engagiert sich seit mehr als 30 Jahren in der internationalen Versöhnungsarbeit. Der promovierte Soziologe entwickelte ein Trainingsprogramm zur Konflikttransformation und bietet auf fünf Kontinenten direkte Mediation und Unterstützung bei Versöhnungsbemühungen in Konfliktregionen mit besonders gewalttätigen Auseinandersetzungen an. Lederach war als Berater höchster Regierungsvertreter und nationaler Oppositionsbewegungen in vom Krieg erschütterten Ländern wie Nicaragua, Somalia, Nordirland, Kolumbien, Nepal und auf den Philippinen tätig.

Als Professor für *International Peacebuilding* und Direktor des *Kroc Institute for International Peace Studies* an der Universität von Notre Dame ist der Friedensforscher Mitbegründer des *Center for Justice and Peacebuilding* an der *Eastern Mennonite University* in Harrisonburg in Virginia. Er ist Autor von 22 Büchern und Handbüchern und zahlreicher akademischer Artikel und Monografien zu Friedenserziehung, Konflikttransformation und Mediationstraining. Lederachs Bücher wurden in mehr als ein Dutzend Sprachen übersetzt, und er ist als Redner, Berater und Mediationstrainer international gefragt: an den Universitäten Oxford und Harvard ebenso wie in Barcelona, Uppsala, Lillehammer oder Kopenhagen. John Paul Lederach wurde bereits vielfach ausgezeichnet, unter anderem mit zwei Ehrendoktortiteln.

Lederach teilt seine Zeit zwischen Indiana und Colorado auf. Er ist verheiratet mit Wendy S. Liechty. Das Ehepaar hat zwei Kinder, Angie und Josh.

*Der **Neufeld Verlag** ist ein unabhängiger, inhabergeführter Verlag mit einem ambitionierten Programm. Wir möchten bewegen, inspirieren und unterhalten.*

Stellen Sie sich eine Welt vor, in der jeder willkommen ist!

Das wär's, oder? Am Ende sehnen wir alle uns danach, willkommen zu sein. Die gute Nachricht: Bei Gott bin ich willkommen. Und zwar so, wie ich bin. Die Bibel birgt zahlreiche Geschichten und Bilder darüber, dass Gott uns mit offenen Armen erwartet. Und dass er nur Gutes mit uns im Sinn hat.

Als Verlag möchten wir dazu beitragen, dass Menschen genau das erleben: *Bei Gott bin ich willkommen.*

Unser Motto hat noch eine zweite Bedeutung: Wir haben ein Faible für außergewöhnliche Menschen, für Menschen mit Handicap. Denn wir erleben, dass sie unser Leben, unsere Gesellschaft bereichern. Dass sie uns etwas zu sagen und zu geben haben.

Dennoch ist unsere Welt weit davon entfernt, Menschen mit Behinderung grundsätzlich willkommen zu heißen – vielen wird nicht mal gestattet, überhaupt zur Welt zu kommen.

Und von gelebter Inklusion, offenen Türen für Menschen mit und ohne Handicap in allen Bereichen unseres Alltags, sind wir auch noch ein gutes Stück entfernt.

Deswegen setzen wir uns dafür ein, Menschen mit Behinderung willkommen zu heißen.

Folgen Sie uns auch auf www.facebook.com/NeufeldVerlag und in unserem Blog unter www.neufeld-verlag.de/blog!